DAS WICHTIGSTE WORT ZUM GESUND UND GLÜCKLICH SEIN:

D A N K E !

von

Thomas A. M. Windelschmidt

DAS WICHTIGSTE WORT ZUM GESUND UND GLÜCKLICH SEIN:

D A N K E !

von
Thomas A. M. Windelschmidt

Impressum

Umwelthinweis

Dieses Buch und der Schutzumschlag wurden auf chlorfrei gebleichtem Papier gedruckt. Die Einschrumpffolie zum Schutz vor Verschmutzung ist aus umweltfreundlichem und recyclingfähigem PE-Material.

Bibliografische Information der Deutschen Nationalbibliothek

Die Deutsche Nationalbibliothek verzeichnet diese Publikation in der Deutschen Nationalbibliografie; detaillierte bibliografische Daten sind im Internet über www.dnb.de abrufbar.

Autor:

Thomas A. M. Windelschmidt

www.seelencoaching.de / www.omniavision.de

Verlag

Deutscher Verlag für Bildung, Wissenschaft und Forschung, Eppingen

Umschlagfoto: © Pixabay

Erstauflage 2019

Printed in Germany

ISBN Hardcover 978-3-96565-000-8
ISBN Paperback 978-3-96565-001-5
ISBN Epub 978-3-96565-002-2
ISBN Mobi 978-3-96565-003-9

Für alle Menschen, die bereit sind,
altes Denken aufzugeben
und für wirklich alles dankbar zu sein!

Inhaltsverzeichnis

1. Danksagung 13

2. Vorwort von Claudia Appel 15

3. Vorwort von Richard Neubersch 19

4. Vorwort des Autors 23

5. Warum dieses Buch? 25

6. Was finden Sie in diesem Buch? 31
6.1. Ich habe keine Ahnung 31
6.2. Wie gehen wir vor? 33

7. Die Ausgangssituation 35
7.1. Das Leben ist furchtbar und hoffnungslos 35
7.2. Ist es das wirklich? 37
7.3. Die Angst vor Kontrollverlust 38
7.4. Ich gebe meine Komfortzone nicht auf 39
7.5. Beispiele 40

8. Die ersten Fragen 45
8.1. Der Coaching-Einstieg 46
8.2. Die Relevanz-Pyramide 47
8.3. Der Meditationszustand 49
8.4. Der Theta-Zustand im Coaching 50
8.5. Weitere Hilfsmittel 51
8.6. Was Sie nun erwartet 51

9. Schuld und Verantwortung 53
9.1. Was ist Schuld? 54
9.2. Was ist Verantwortung? 55
9.3. Unterscheidung Schuld und Verantwortung 56
9.4. Wie entstehen Schuldgefühle? 56
9.5. Wie findet man die Ursache für Schuldgefühle? . 58
9.6. Negative Energien ablegen 60
9.7. Verantwortung leben 61
9.8. Entscheiden Sie sich 62
9.9. Weisheit des „Papa" 64
9.10. Sie sind verantwortlich ... immer! 65

10. Das Gesetz der Anziehung 67
10.1. Definition 67
10.2. Worauf sollte man beim LOA achten? 70
10.3. Gesetz der zwanghaften Folge 71
10.4. Weine nicht über vergossene Milch 74
10.5. Ärgern Sie sich 77
10.6. Das Symptom als Lösungswegweiser 82
10.7. Voraussetzungen für erfolgreiche Umsetzung 84
10.8. Gedankenhygiene 86
10.9. Lösungen statt Probleme 90
10.10. Gedanken erschaffen Realität 92
10.11. Also: Verantwortung leben 94

11. Psyche: Bewusstsein und Unterbewusstes 97
11.1. Was ist die Psyche? 97
11.2. Was ist ein/Ihr Ego? 101
11.3. Funktionsweise des Unterbewussten 103
11.4. Warum das Unterbewusste kein „Nein" versteht105
11.5. Kann man das Unbewusste programmieren? 106

11.6. Ihr Bewusstsein ist dumm 107
11.7. Der große Vorteil unserer Beschränktheit 108
11.8. Danke - Danke - Danke 111
11.9. Soll man auch für Negatives danken? 116

12. Die 66 Siegersystem-Schritte 119
12.1. Die 66 Schritte in Stichworten 120
12.2. Du bist, was Du denkst 122

13. Stress und Cortisol 125
13.1. Was ist Stress? 125
13.2. Leichter gesagt, als getan 129

14. Angst und Vertrauen 131
14.1. Was ist Angst? 131
14.2. Ist Angst etwas Schlimmes? 132
14.3. Was ist das Gegenteil von Angst? 133
14.4. Wem können Sie vertrauen? 135
14.5. Spuren im Sand 137
14.6. Warum ist es so schwierig zu vertrauen? 140
14.7. Die gewollte Angst 141
14.8. Angst vorm Scheitern? 144
14.9. Das Negative meiden 146

15. Respekt und Wertschätzung 153
15.1. Warum sind Respekt & Wertschätzung wichtig? 153
15.2. Erwartungen minimieren 154
15.3. Bewerten Sie nicht 159
15.4. Behandeln Sie jeden und alles mit Respekt 161
15.5. Wertschätzen Sie jeden und alles 162
15.6. Jeder Mensch ist etwas Besonderes 164

15.7. Schließen Sie mit der Vergangenheit Frieden 166

16. Glaube und Ihr "ICH BIN" ... 167
16.1. Was ist eigentlich Glauben? ... 167
16.2. Ist der Glaube auf eine Religion angewiesen? 168
16.3. Kann man „nicht glauben"? ... 169
16.4. Was ist das Gegenteil von "Glauben"? ... 170
16.5. Was ist der Sinn des Lebens? ... 170
16.6. Die Physik des Glaubens ... 173
16.7. Die stärkste Kraft "ICH BIN" ... 181
16.8. Danke in der Bibel ... 184
16.9. Evolution oder Wunder? ... 185
16.10. Die Alternative zur Evolution ... 190
16.11. Wunder zulassen ... 192
16.12. Sind Sie ein Opfer? ... 193
16.13. Das fiktive Gottgespräch ... 195
16.14. Wie betet man richtig? ... 209
16.15. Sie sind soweit, wenn Sie soweit sind ... 211

17. Nur Positives denken, ausstrahlen und tun ... 213
17.1. Dürfen statt müssen ... 213
17.2. Die Geschichte von Swabeedoo ... 215
17.3. Die drei Siebe ... 225
17.4. Erkennen Sie Ihre Macht ... 227
17.5. Matrix: Rot oder Blau ... 229

18. Techniken und Hilfsmittel ... 235
18.1. Buch wiederholt lesen ... 236
18.2. Stichworte notieren ... 236
18.3. Zettel im Haus verteilen ... 237
18.4. Audiodateien mit Affirmationen ... 238

18.5. Isochrone Töne ... 239
18.6. Subliminale Botschaften ... 241
18.7. Vor dem Einschlafen Positives visualisieren ... 242
18.8. Sleepphones ... 243
18.9. Schreiben Sie sich einen Brief ... 243
18.10. Gott ist mein Kumpel ... 245

19. Epilog ... 247

20. Zum Autor ... 251

21. Bilderverzeichnis ... 253

22. Index ... 255

23. Empfehlungen des Verlags ... 277

1. Danksagung

Ich weiß sehr genau, dass ich ein Glückskind bin. Darum halte ich es für mehr als angemessen, jeden Tag vielfach "Danke" zu sagen. Jetzt haben Sie schon eine gewisse Idee, warum das Buch, das Sie gerade in Ihren Händen halten, seinen Namen erhalten hat.

Ich danke an dieser Stelle als erstes demjenigen, dem ich alles zu verdanken habe, wobei "der" bzw. "demjenigen" nicht wörtlich zu verstehen ist, da es sich mitnichten um eine Person, geschweige denn um einen Mann handelt. Ich danke, wie übrigens jeden Tag mehrfach, Gott, unserem Schöpfer, dem Universum, dem Einen oder wie auch immer man das Unfassbare bezeichnen mag. Ich weiß, dass gerade mein Gottvertrauen die Basis für mein glückliches und erfülltes Leben ist.

Als zweites danke ich wieder einmal meiner ganzen Familie und meinen Freunden, die manches weitere Gegenlesen ertragen mussten und für Gespräche und Diskussionen zur Verfügung standen. Toll, dass ich solch eine Familie und so super Freunde haben darf, die mich unterstützen und mich motivieren. Vielen Dank.

Dazu danke ich meinem Verlag, dem Deutschen Verlag für Bildung, Wissenschaft und Forschung, der es mir ermöglicht hat, meine Bücher in der Form zu publizieren, wie ich es mir vorgestellt habe. Ich kann nur jedem, der ein wissenschaftliches Buch schreiben und veröffentlichen möchte, ans Herz legen, sich an den www.DVBWF.de zu wenden.

2. Vorwort von Claudia Appel

Als mein Mann mich gefragt hat, ob ich ein Vorwort für das Buch "Seelencoaching: Das wichtigste Wort zum gesund und glücklich sein: DANKE!" schreiben möchte, habe ich diesen Gedanken sofort abgelehnt. Ich und schreiben, nein, das war nichts für mich. "Schatz", sagte ich, "ich würde ja gerne, aber das ist nichts für mich. Würdest Du mir bitte dabei helfen? Dann mache ich das gerne."

Gesagt, getan, wir sprachen darüber, und ich bat meinen Mann, eine Art Grobkonstrukt zu konzipieren, das ich dann mit meinen Worten ergänzen und umformulieren kann. Das ist eine Vorgehensweise, mit der ich leben konnte und kann.

Als erstes möchte ich "Danke" sagen. Zum einen passt es gut zum Titel dieses Buches, zum anderen empfinde ich auch wirklich tiefe Dankbarkeit gegenüber so vielen Dingen. Gegenüber meinem Mann, gegenüber meinen Eltern, gegenüber meinen Kindern, gegenüber Freunden und ganz besonders gegenüber Gott, der immer auf uns aufpasst, wobei "der" im übertragenen Sinne zu verstehen ist.

Als Tom die Domain seelencoaching.de gekauft hat, wollte er daraus "irgendwann mal" eine Webseite erstellen und ggfs. ein weiteres Buch dazu schreiben. Er hatte genug andere Dinge zu tun und schon einige Bücher erstellt. Aber, und das war wirklich spannend, prasselten so viele "Zeichen" auf ihn ein, dass wir beide stutzig wurden. Letzten Sonntag, also vor sechs Tagen, wachte er neben mir auf und meinte "Ich muss das Buch schreiben, keine Ahnung warum, aber mein Gefühl sagt mir: Setz Dich hin und fang an zu schreiben."

Mein Schatz fing an, ohne jedes Konzept zu schreiben und meinte am Montag, also nach zwei halben Schreibtagen, dass das Formulieren "gut von der Hand" ginge und er schon 70 Seiten auf Papier gebracht hätte. Ich war überrascht. Was kann man schon an zwei Nachmittagen schreiben, dachte ich.

Am Dienstag gab er mir die ersten rund 120 Seiten zum Lesen, ich war begeistert. "Das, was Du da schreibst, wird viele Menschen berühren", sagte ich, "Du wirst sehen, denn es gibt keine Zufälle. Es muss einen Grund haben, warum Du innerhalb weniger Stunden so viele schöne Gedanken zu Papier bringen kannst."

Nun ist das Buch in weniger als einer Woche fertig geworden, ich kann es kaum glauben. Und das, was ich bereits am Dienstag gefühlt hatte, hat sich noch mehr bestätigt. Es ist eine Freude, dieses Buch zu lesen. Es ist ein Mutmach-Buch, das bestimmt vielen Menschen ein gutes Gefühl verschaffen und Hoffnung machen wird.

Ich kann übrigens aus voller Überzeugung bestätigen, dass mein Schatz wirklich "wie im Flow" geschrieben hat. Er hat einfach angefangen, und alles schien wie von selbst zu gehen. Es war toll mit anzusehen, wie so etwas funktionieren kann.

Glauben Sie mir, ich bin verdammt stolz auf meinen Mann. Es ist wirklich ein großes Glück, ihn an meiner Seite zu haben. Wir sind wie zwei Engel mit jeweils nur einem Flügel, aber zusammen können wir fliegen. Egal, was kommt, wir wissen, dass wir nicht alleine sind, sondern "etwas" auf uns aufpasst.

Wir wissen sehr genau, was wir für ein Glück haben. Mit uns, mit unseren Kindern, mit unseren Eltern, mit unseren Freunden, mit demjenigen, der uns das alles schenkt und ermöglicht. Und weil wir uns dieses Glücks sehr bewusst sind, halten wir es für richtig, jeden Tag ganz oft das zu sagen, was im Kern dieses Buches empfohlen wird:

DANKE!

Mit lieben Grüßen
Ihre Claudia Appel
18. August 2018

Claudia Appel ist gelernte Hotelkauffrau, hat aber, als sie schwanger wurde, gerne ihre kaufmännische Tätigkeit aufgegeben und sich in die Herausforderung "Mutter sein" gestürzt. Sie hat äußerst liebevoll und mit viel Hingebung zwei eigene Kinder großgezogen und dazu noch viele Jahre drei Tageskinder betreut. Nach einer Hypnoseausbildung bei Andreas Winter ist sie seit vielen Jahren überaus erfolgreich als Coach und Therapeutin tätig, siehe u.a. reframingcoaching.de. Was sie besonders auszeichnet, sind ihre außergewöhnlich liebevolle Herangehensweise, Ihr empathisches Einfühlungsvermögen und Ihre unglaubliche Hellsichtigkeit. Sie ist seit 1993 mit dem Autor liiert und seit 1997 mit ihm verheiratet.

3. Vorwort von Richard Neubersch

Wer kann schon von sich behaupten, gesund und glücklich zu sein? Hat nicht jeder irgendwo ein Wehwehchen, und ist nicht jeder der Meinung, dass er unter gewissen Umständen viel glücklicher wäre?

Nun gibt es ja ein Riesenangebot an Büchern und Coaches, die Ihnen erklären werden, wie Sie Gesundheit und Glück am sichersten und einfachsten erreichen. Ich habe so manchen dieser Schriftsteller und Psychologen persönlich kennenlernen dürfen und musste feststellen, dass keiner von ihnen gesund und glücklich erschien.

Natürlich habe ich mich gefragt, woran das liegt, und ich bin zu dem Schluss gekommen, dass die meisten dieser «Gurus» ihr erlangtes Wissen nicht in ihrem eigenen Leben umsetzen, sondern überzeugt sind, dass sie dieses Wissen der Menschheit weiterzugeben haben. Es handelt sich hier also um weitergegebenes Wissen, um mentale Inhalte. Anders ist es beim Autor dieses Buches.

Ich hatte das bereichernde Glück, ihn und seine Frau bei einem Besuch in Griechenland kennenzulernen und war von Anfang an fasziniert von den beiden. Claudia Appel, die Frau des Autors, obwohl seit Jahren an einen Rollstuhl gebunden, gehört zu den lebensbejahendsten Menschen, die mir bisher in meinen 67 Jahren begegnet sind. Ihr Potential an Lebendigkeit, Freude, Zuversicht, Charme, Humor und Authentizität, das mir in den wenigen Tagen unserer gemeinsamen Zeit entgegenkam, hat mich schier überrascht. Es erfüllt mich heute mit großer Dankbarkeit, sie zu meinen Freunden zählen zu dürfen. Sie inspiriert, fordert liebevoll heraus, ist in jedem Moment in ihrer vollen Aufmerksamkeit und hat immer eine liebevolle Reaktion für ihre Mitmenschen.

Ihr Mann Thomas, der Autor dieses wundervollen Buches, ist dabei nicht etwa in den Hintergrund geraten. Ganz im Gegenteil. Er strahlt permanent! Als er mir anvertraute, dass er der glücklichste Mensch auf Erden sei, war mir das sofort völlig logisch und selbstverständlich, denn genau das strahlte er aus.

Ich war tief beeindruckt, mit welcher Liebe und Inbrunst er sich um seine außergewöhnliche Frau kümmerte, sie nicht nur mit seinen Händen, sondern noch viel deutlicher mit seinem Herzen aus dem Rollstuhl hob und auf einen Stuhl zu uns setzte. Das war Liebe pur!

Und ich kann jedem Leser bestätigen, dass die beiden sich trotz vieler Ehejahre wie Turteltauben verhalten, sich gegenseitig offen ihre Liebe, Zuneigung und Dankbarkeit gestehen. Es ist eine wahre Freude, in ihrer Gegenwart zu sein, weil sie Alles und Jeden in eine andere Schwingung versetzen. Verstehen Sie, was ich ausdrücken will?

Solch ein Autor glaubt nicht nur an das, worüber er schreibt, er lebt es in jeder Minute seines Lebens. Er hat jedes seiner Worte in die Tat umgesetzt und in seinem Herzen verinnerlicht. Er ist das, was er schreibt. Ich bin Zeuge.

So lege ich Ihnen dieses Buch mit großer Eindringlichkeit ans Herz, denn hier lesen Sie keine bloße Theorie, sondern gelebte Erfahrung. Der Autor weiß ganz genau, wovon er spricht, und er weiß, dass seine Ratschläge funktionieren, denn sie haben ihn zu dem Menschen gemacht, der er heute ist.

Lesen Sie dieses Buch in dem Bewusstsein, dass der Autor es in seinem unendlichen Gottvertrauen einfach so in den Computer fließen ließ. Auch ich kenne die Quelle, die uns schreiben lässt, was geschrieben gehört und verbreitet werden will.

Wissen Sie, was das Schönste an solchen Büchern ist, wenn sie so belassen werden, wie sie «empfangen» wurden? Sie vermitteln Authentizität ohne Ego des Autors und sind nur für Sie, den Leser, bestimmt.

Viel Spaß beim Lesen und möge Ihr Unterbewusstes Sie dazu motivieren, das Gelesene auch umzusetzen.

Ihr
Richard Neubersch

Richard Neubersch ist Inhaber der schweizerischen Firma Swiss Harmony International GmbH (swissharmony.de), einem Familienunternehmen, das auf die Entstörung von Elektrosmog spezialisiert ist und viele Produkte selbst herstellt oder von ausgesuchten Partnern nach seinen Angaben fertigen lässt. Er hat dieses Unternehmen vor neun Jahren im

Alter von 58 Jahren gegründet und war vorher beinahe 20 Jahre lang Inhaber einer angesehenen Immobilienberatungsfirma in Portugal. Als Vater von fünf inzwischen erwachsenen Kindern und nach drei abgeschlossenen Ehen lebt er heute „alleine" und genießt, dass das Leben ein einziges Fest ist, wie er es immer wieder überzeugend bezeichnet. Sein Weg bis hierhin war ein langer, der erst mit seinem 30. Lebensjahr begann, als er nach dem Verkauf seines Verlages spüren musste, dass Geld und Erfolg nicht glücklich machen. Besuche in Indien, Begegnungen mit Erleuchteten, Ausbildungen und Fortbildungen in unter schiedlichsten Disziplinen (Heilpraktiker, Reiki, Familiensystemik, Anthroposophie, u.v.m.) haben ihn im Zusammenhang mit jahrelanger Selbsterfahrungsarbeit zu einem Menschen gemacht, der seinen Weg in unerschütterlichem Vertrauen geht, dass nur die Dankbarkeit für das Hier und Jetzt zählt - egal, wie es sich darstellt.

4. Vorwort des Autors

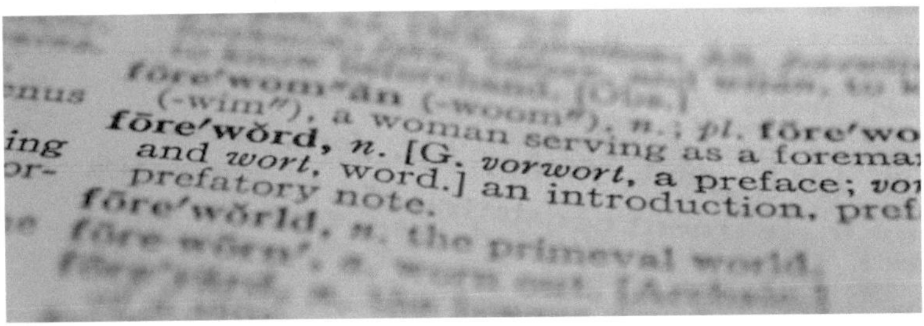

Liebe Leserin, lieber Leser,

die doppelte Anrede nutze ich, wie immer in meinen Büchern, nur ein einziges Mal, nämlich bei meinem Vorwort. In der Folge nutze ich nur das allgemeine „lieber Leser" oder „man" oder ähnliches, ohne damit die „lieben Leserinnen" benachteiligen zu wollen. Ich halte es nur nicht für übermäßig wichtig, an dieser Stelle die „political correctness" in den Vordergrund zu rücken. Ich spreche alle Menschen an, egal ob Mann, Frau, Hermaphrodit, groß, klein, dick, dünn. Mir ist die politische Gesinnung genauso gleichgültig, wie die Religionszugehörigkeit. Für mich sind, und das meine ich absolut ernst, grundsätzlich alle Menschen gleich, liebenswert und „richtig".

Nachdem ich diesen wichtigen Hinweis in fast jedem meiner Bücher eingangs aufführe, hoffe ich, dass Sie mir, lieber Leser bzw. liebe Leserin, dies glauben. Es ist mir absolut ernst damit, dass ich keinen Menschen wegen seines Geschlechts, seiner Rasse, seiner Hautfarbe, seiner Religion, seiner politischen Überzeugungen oder was auch immer bevorzuge oder bewerte.

Einige Begriffe erläutere ich, indem ich Texte aus wissenschaftlichen Büchern oder aus Wikipedia zitiere. In diesen Fällen sind die entsprechenden Passagen eingerückt und mit einer Fußnote gekennzeichnet.

Ich wünsche Ihnen viel Spaß beim informativen Lesen und freue mich auf Ihre Anregungen und Fragen.

Herzlichst Ihr
Thomas A. M. Windelschmidt

5. Warum dieses Buch?

Ich möchte vorwegschicken, dass mich das Schreiben an sich kein bisschen anstrengt. Ich muss mich nicht aufraffen, Gedanken am PC in Worte zu fassen, es geht "wie von selbst". Ich setze mich an den Rechner und tippe in die Tastatur, ohne mir großartig zu überlegen, was ich da gerade schreibe. Es fließt einfach so aus mir heraus.

Das Spannende ist, und dem ist wirklich so, dass ich, wenn ich "im Fluss" agiere, nicht mehr weiß, was ich geschrieben habe, wenn ich fertig bin. Wenn sich meine Frau das Formulierte durchliest und zwischendurch eine Anmerkung macht, bin ich häufig ganz überrascht, zu erfahren, was ich da eigentlich geschrieben habe.

Genau "dieser Fluss" ist es, der auch bei Ihnen in Ihrem Wirken dazu führt, dass Sie Ihre Tätigkeit nicht als Arbeit empfinden, sondern als befriedigendes "Wirken", als etwas, das Sie erfüllt, das Ihnen Kraft und Energie gibt, das Sie auch glücklich sein lässt.

Nun hatte ich trotzdem zum jetzigen Zeitpunkt nicht vor, ein weiteres Buch zu beginnen. Immerhin habe ich bisher 14 Bücher fertiggestellt und wollte mich erst einmal ganz in Ruhe um das Buch Nr. 15 ("Der Counselor - Die Interviews") kümmern. Allerdings weiß ich, dass das Vereinbaren von Interviewterminen noch ein paar Tage benötigen kann, insofern waren meine Gedanken nicht "festgelegt".

Während eines einwöchigen Aufenthalts in Wien Anfang Juli 2018 erhielt ich aus heiterem Himmel eine Email mit dem Angebot, die Domain seelencoaching.de käuflich zu erwerben. Ich hatte diesbezüglich zwar mal vor ein paar Jahren bei dem Inhaber der Domain angefragt, diesen Umstand aber inzwischen vergessen. Da ich nicht an Zufälle glaube, habe ich die Möglichkeit ergriffen und diese Domain erworben.

Nun hatte ich also eine weitere Domain im Bestand, aber das animierte mich noch nicht, das dazugehörende Buch mitsamt einer Webseite zu erstellen. Wie gesagt, hatte ich mehr im Hinterkopf, den zweiten Band zu "Der Counselor" zu erstellen.

Wenn sich jedoch das Universum bemüht, "Hinweise" und "Stupser" in die richtige Richtung zu geben, dann ist das Universum in diesem Bemühen sehr ausdauernd und nachhaltig. Es kam, wie es kommen musste, mir wurden weitere "Hinweise" offenbar.

Ein "Zeichen" erreichte mich über den Umweg der Numerologie. Ja, Sie haben richtig gelesen. Ich als Wissenschaftler hatte noch nie mit diesem Themenkomplex zu tun und damit dementsprechend überhaupt keine Berührungspunkte. Aber wenn sich ein "Stupser" zeigt, dann meist in mehrfacher Form, so auch in diesem Fall.

Zuerst wurde mir von einer Freundin, die sich mit dem Thema Numerologie befasst, ein Buch geschenkt, und zwar "Zahlenmystik" von Faith Javane und Dusty Bunker. Nun gut, dachte ich, es schadet nicht, es mal zu lesen, um sich einen Eindruck zu verschaffen.

Nachdem ich das Buch gelesen hatte, testete ich meine neu erworbenen Kenntnisse aus und analysierte mein Geburtsdatum und meinen Geburtsnamen. Das eindeutige Ergebnis war, dass es meine Lebensaufgabe ist, Menschen zu unterstützen, anzuleiten und zu coachen.

Dieses Ergebnis überraschte mich, erinnerte mich aber an eine Erfahrung, die ich im Jahre 2011 in Indien gemacht habe. Meine Frau und ich besuchten damals zwei Palmblatt-Bibliotheken, nämlich in Bangalore und in Kanshipuram. Fast alle Mitglieder unserer etwa 12-köpfigen Reisegruppe gingen zusätzlich zu einem Brahmanen, der sich der Astrologie bediente.

Die Ergebnisse in den Palmblatt-Bibliotheken waren höchst konkret und unfassbar detailliert. Die Inhalte, die meiner Frau und mir, getrennt voneinander, über unser Leben erzählt wurden, wissen noch nicht einmal die CIA und die NSA. Für mich war sofort klar, dass es hier eine Verbindung zur Akasha-Chronik geben muss. Ich kann wirklich nur jedem Interessierten empfehlen, eine geführte Reise nach Indien zu unternehmen, um diese Erfahrung in den Palmblatt-Bibliotheken zu machen.

Die Termine bei dem Brahmanen dauerten im Schnitt etwa 10 Minuten, nur bei mir war nicht nach dieser Zeit Schluss. Über 30 Minuten lang wurde mir erzählt und erzählt, ich schrieb alles mit. Die Notizen habe ich noch.

Damals habe nicht verstanden, was mir gesagt wurde. Es war für mich als Physiker zu "abgehoben". Ich soll hier inkarniert sein, um Menschen zu helfen und anzuleiten? Das war mir nun wirklich viel zu unwahrscheinlich und unglaubwürdig. Ich legte das Gehörte innerlich "zu den Akten".

Im Zusammenhang mit den Ergebnissen der Numerologie erinnerte ich mich wieder an die damaligen Erläuterungen. Ich sprach, um unabhängige Meinungen einzuholen, mehrere erfahrene Numerologinnen an, die mit unterschiedlichen Numerologie-Systemen arbeiten. Und alle erzählten mir im Kern das gleiche. Meine Herzzahl ist die 9, meine Lebenszahl ist die 9, meine Aufgabe ist es, Menschen zu leiten, zu helfen und zu coachen. War das nun alles nur ein großer Zufall?

Wie gesagt, ich glaube nicht an Zufälle, und so ließ ich das Gehörte "sacken", ohne irgendetwas zu unternehmen. Wie Sie sich denken können, wurde ich erneut "gestupst". Diesmal über Träume. Mir war dann sehr schnell klar, ich kann jetzt nicht länger warten und die Umsetzung vor mir herschieben. Ich muss das Buch "Seelencoaching - Das wichtigste Wort zum gesund & glücklich sein: DANKE!" schreiben, sowie die Webseite erstellen.

Jetzt wissen Sie, warum ich gerade am PC sitze und die Finger über die Tasten fliegen. Ob von diesem Buch überhaupt mal ein Exemplar verkauft wird, spielt für mich dabei keine Rolle. Das Universum wird sich aber etwas dabei denken, wenn es mich so nachdrücklich "stupst".

Bei weiterem Interesse an diesem Themenkomplex empfehle ich Ihnen einen Besuch der Seite seelencoaching.de (oder die Zentralseite omniavision.de) und eine direkte Kontaktaufnahme.

6. Was finden Sie in diesem Buch?

6.1. Ich habe keine Ahnung

Offen gestanden, ich habe wirklich keine Ahnung, was nun folgt. Für Sie als Leser mag es etwas irritierend oder skurril klingen, dass ich mich mit dem Verfassen eines Buches beschäftige, aber keine Vorstellung davon habe, was ich nun in diesem Buch darstellen und erläutern werde.

Ja, Sie haben mit dieser Einschätzung recht, ich bin selbst etwas irritiert, dass ich ohne jede Konzeption anfange, meine Gedanken in Worte zu fassen. Dies war bei meinen vorangegangenen Büchern völlig anders.

Das Buch zum Geld- und Finanzsystem hatte ich dezidiert vorbereitet und durchgeplant. Ich hatte jede Menge Bücher gelesen, mir Anmerkungen gemacht und wirklich viele Seiten an Stichworten gesammelt, bevor ich auch nur angefangen habe, darüber nachzudenken, das erste Kapitel zu formulieren.

Bei meinen Dissertationen war dies, da ist es auch absolut nicht anders denkbar, ganz genauso. Auch bei den Büchern zum Reframingcoaching, zur Omniatherapie und zum Siegersystem waren eine sorgfältige Planung der erste Schritt. Erst beim ersten Band zu "Der Counselor - Programmierung des Unterbewussten zur positiven Zielorientierung" fing ich einfach an zu tippen, ohne mir vorab Gedanken und Notizen zu machen.

Es kann sein, dass diese veränderte Vorgehensweise damit zu tun hat, dass ich mit dem Erstellen eines Buches einfach geübter war und bin und dementsprechend eine strukturierte Planung nicht mehr eine unbedingte Voraussetzung ist. Tatsächlich glaube ich aber etwas Anderes. Ich habe vielmehr das Gefühl, dass ich bei einigen Themen nicht viel nachdenken muss, sondern die Gedanken einfach so aus mir herausfließen.

Also, dann lassen wir es darauf ankommen und uns überraschen, was ich auf den nächsten paar hundert Seiten schreiben werde. Das Ziel ist mir zumindest klar, nämlich Ihnen, liebe Leser, nahezubringen und zu verdeutlichen, dass das Leben in jeder Situation ein Geschenk ist und man wirklich für alles-alles-alles dankbar sein sollte. Jederzeit!

Es wird, da bin ich mir sicher, ein Mutmach-Buch, und das fühlt sich für mich absolut richtig an.

6.2. Wie gehen wir vor?

Auch zu dieser Frage kann ich zum jetzigen Zeitpunkt nur darauf verweisen, dass ich schon einige Bücher geschrieben habe und dementsprechend davon ausgehe, dass sich eine vernünftige Struktur ergeben wird.

Tatsächlich verlasse ich mich jetzt auf das Universum. Wenn ich schon mehrfach "gestupst" werde, dann wird sich eine Lösung ergeben. Es werden mir Ideen und Gedanken zufliegen, von denen ich zum jetzigen Zeitpunkt noch keine Ahnung habe, dass sie zum Inhalt dieses Buches werden.

Meine Vorgehensweise sieht deshalb nun so aus, einfach das auf Papier zu bringen bzw. besser in die Tastatur des PCs zu tippen, was mir als nächstes einfällt. Für mich ist dieses Konzept eine spannende Erfahrung. Mal sehen, ob etwas Vernünftiges dabei herauskommt oder ob ich das Formulierte irgendwann einfach lösche.

Lassen wir uns überraschen ...

7. Die Ausgangssituation

7.1. Das Leben ist furchtbar und hoffnungslos

Wenn Sie dieses Buch lesen, könnte es sein, dass Sie in einer nach Ihrer Einschätzung schwierigen Situation stecken, Ihnen alles womöglich über den Kopf zu wachsen scheint und das Leben für Sie irgendwie weder einen Sinn hat, noch lebenswert ist. Alles ist irgendwie hoffnungslos und deprimierend?

Ja, Sie haben Recht! Wenn Sie denken und glauben, alles ist ganz furchtbar, dann ist dies für Sie bzw. aus Ihrer Sicht so. Aber es gibt Hoffnung. Wenn Sie das nicht so denken und glauben, dann haben Sie auch Recht. Ein Widerspruch?

Tatsächlich ist diese auf den ersten Blick widersprüchliche Sichtweise alles andere als das. Im Laufe des Buches werde ich erklären, warum diese Betrachtung nach meiner Einschätzung zu 100% korrekt ist, nämlich dass Sie, egal ob Sie denken, alles ist gut, oder ob Sie denken, alles ist schlecht, in jedem Fall völlig Recht haben.

Wenn Sie der Auffassung sind, das Leben ist furchtbar und hoffnungslos, dann werden Sie Ihre guten Gründe haben, genau das zu denken. Es ist dann aber leider so, dass Sie mit Ihrem Denken, Glauben und Fühlen genau das in Ihr Leben ziehen, was Ihre Einschätzung bestätigt und verstärkt.

Umgekehrt kennen Sie wahrscheinlich auch Menschen, die, aus welchem Grund auch immer, irgendwie immer auf der glücklichen Seite des Tisches Platz zu nehmen scheinen, denen alles zu gelingen scheint, die Glück und Zufriedenheit ausstrahlen usw. Warum geht es denen so gut und Ihnen so unglaublich schlecht? Denn Sie wissen schließlich ganz genau, wie übel Ihnen immer mitgespielt wird und dass Sie alles Negative wie ein Magnet anziehen. Warum nur immer Sie? Warum müssen Sie immer Pech haben? Warum gelingt Ihnen nicht wenigstens ein kleines bisschen von dem, was diesen anderen Glückspilzen in den Schoß fällt?

Ja, ja, das Leben ist furchtbar und hoffnungslos …

7.2. Ist es das wirklich?

Ist das Leben wirklich furchtbar und hoffnungslos oder entspricht diese Einschätzung nur Ihrer persönlichen Erfahrung und Sichtweise?

Ich verrate Ihnen etwas. Das Leben ist toll, erfüllend, großartig, ein Geschenk. Zumindest für die Menschen, die sich auf das Tolle, Erfüllende, Großartige fokussieren und jeden Tag für alles Danke sagen.

Und hier die gute Botschaft. Sie können das auch. Ich freue mich, Ihnen Mut machen zu dürfen. Sie werden eine andere Sichtweise in Ihr Leben aufnehmen und ganz süchtig nach positiven Erfahrungen werden, wenn Sie es nur wollen und zulassen.

Und das ist die Krux. Um etwas in Ihrem Leben ändern zu können, müssen Sie erst einmal etwas ändern "wollen". Das hört sich im ersten Moment trivial an. Wenn es Ihnen nicht gut geht, dann möchten Sie selbstverständlich etwas ändern, oder?

Weit gefehlt, so meine Erfahrung. Die allermeisten Menschen sind zwar mit ihrem Leben unzufrieden, aber sie sind gar nicht bereit, ein anderes Denken zuzulassen. Insgeheim "wollen" sie gar nichts ändern. Und wissen Sie, warum ...

7.3. Die Angst vor Kontrollverlust

Haben Sie schon mal etwas von der "Angst vor Kontrollverlust" gehört? Spannenderweise kannten und kennen diesen Begriff nur wenige Menschen, mit denen ich zu tun hatte und habe, dabei ist die "Angst vor Kontrollverlust" vielleicht sogar die größte menschliche Angst überhaupt.

Wenn man Menschen fragt, wovor sie Angst haben, dann kommen Antworten wie:

- Öffentlich zu reden
- große Höhen
- Arbeitslosigkeit, Geldmangel
- tiefes Wasser
- Ungeziefer
- Krankheit, Tod
- Fliegen
- Einsamkeit
- Hunde
- Autofahren
- Fahrstühle
- Dunkelheit
- Rolltreppen
- Krieg
- Spinnen

Wenn man sich diese Ängste genau betrachtet, sind es in den allermeisten Fällen nur Symptome einer Grundangst, nämlich der "Angst vor Kontrollverlust".

Wenn man öffentlich redet, fühlt man sich womöglich ausgeliefert und scheint keine Kontrolle über die Situation zu haben. Bei großen Höhen und bei tiefem Wasser ist es ähnlich. Wenn man arbeitslos ist oder kein Geld hat, hat man gleichfalls keine Kontrolle über das eigene Dasein. Bei Krankheit und Tod ist es das gleiche usw.

Der Mensch hat im Grunde keine Angst vor der Höhe, z.B. im Flugzeug oder auf einem Hochhaus, sondern der Mensch hat Angst, keine Kontrolle über das eigene Leben zu haben. Ich bin ein Paradebeispiel dafür, denn ich habe enorme Höhenangst.

Was hat dies nun mit der Bereitschaft zu tun, offen für ein neues Denken und, damit verbunden, ein verändertes Empfinden und eine positive Sichtweise zu sein?

7.4. Ich gebe meine Komfortzone nicht auf

Genau das ist der Grund dafür, warum extrem viele Menschen lieber in Ihrer negativen Sichtweise und womöglich in ihrer Opferrolle verharren, anstatt für einen neuen Blickwinkel und ein verändertes Empfinden offen zu sein.

➢ "Was der Bauer nicht kennt, das frisst er nicht."

Dieses Sprichwort kann man auf das unterbewusst verankerte Selbstverständnis von vielen Menschen übertragen.

- "Ich verharre lieber in meiner negativen Sichtweise und in meiner Opferrolle, anstatt etwas Neues zuzulassen, denn so weiß ich zumindest, was ich habe, auch wenn es zu Frustration und Depression führt. Egal, ich weiß wenigstens, woran ich bin und muss mich nicht auf ein "unsicheres Gelände" begeben."

In meinen Augen ist dies eine ganz furchtbare Einstellung, die ich aber leider viel zu oft erlebe. Anstatt bereit zu sein, das Positive zu sehen und anzunehmen, sowie eine veränderte Lebenseinstellung zuzulassen, bleiben diese Menschen lieber in ihrem "Mauseloch", denn da kommt die große schwarze Katze nicht rein. Völlig egal, ob es diese Katze nun gibt, oder auch nicht.

7.5. Beispiele

Ich könnte nun ein ganzes Buch mit Beispielen füllen, aber ich werde nur ein paar prägnante Situationen, die ich selbst erlebt habe, darstellen.

- Eine Frau mittleren Alters hatte ein gesundheitliches Problem, bei welchem ihr Hausarzt eine Diagnose gestellt hatte, die keinen Lösungsweg beinhaltete. Es wurde ihr empfohlen, eine zweite Meinung einzuholen und eine spezialisierte Fachklinik zu konsultieren. Ein paar Tage später wurde sie gefragt, ob sie inzwischen zu einer Fachklinik gefahren wäre bzw. was ihr die Fachklinik gesagt hätte. Die Antwort war, dass sie nochmal zu dem gleichen Arzt gegangen war, der ihr das gleiche wie bereits zuvor gesagt hat. Es bestand somit gar keine Bereitschaft, eine zweite Fachmeinung einzuholen, denn das hätte dazu führen können, dass sie irgendetwas hätte tun "können" oder sogar "müssen".

- Eine junge Frau hatte ein anders gelagertes körperliches Problem. Sie erzählte, dass sie drei Wochen später am Auge operiert werden müsste. Auf die Frage, was sie an den Augen hätte, dass diese operiert werden müssten, antwortete sie, dass die Augen eigentlich in Ordnung wären, aber eine Schilddrüsenüberfunktion zu den Augenproblemen führen würde. Darauf wurde sie gefragt, warum sie dann nicht bei der Ursache, also dem Problem, das der Schilddrüsenüberfunktion zugrunde lag, ansetzte? Auf diese Idee war sie gar nicht gekommen, sogar die Ärzte nicht. Auf die Empfehlung, mal eine andere Meinung, z.B. bei Heilpraktikern, die sich mit Schilddrüsenüberfunktionen auskennen, einzuholen, antworte sie "Ach nein, dafür bin ich zu faul." Dies ist wirklich genau so passiert.

- Ein anderer Fall. Eine ältere Frau sitzt seit Jahren nur noch zuhause in ihrem Zimmer und ist dabei hochgradig depressiv. Nun ist mit einer Depression nicht zu spaßen, es handelt sich um eine ersthafte Krankheit. Aber trotzdem ist es natürlich möglich, angebotene Hilfe anzunehmen. Auf mehrmalige Offerten, dass man sich zumindest mal zusammensetzen könnte, um die Hintergründe dieser negativen Sichtweise zu ergründen und die Chance auf eine positivere Ausrichtung zu ermöglichen, reagierte sie gar nicht. Stattdessen bevorzugte sie ihre Komfortzone, wo sie wusste, "was sie hat".

- Ein Mann mittleren Alters war an Krebs erkrankt. Natürlich bietet man in solchen Fällen gerne seine Hilfe an, wenn man diese Möglichkeit hat. Über verschiedene Kongresse zu alternativen Heilmethoden bestehen z.B. sehr gute Kontakte zu Koryphäen auf diesem Gebiet, auch zu technischen Geräten, die erstaunliche Erfolge zeitigen. Dementsprechend wurden der Ehefrau mindestens 50 Erfahrungsberichte von Erfolgen in diesem Bereich per Whatsapp übermittelt. Eine Antwort erfolgte nicht. Später wurde geklärt, dass diese Erfahrungsberichte noch nicht einmal an den Krebspatienten weitergeleitet wurden. Ganz nach dem Motto "Wir haben schon so viel versucht, ich wollte keine weitere Negativerfahrung sammeln." Wenn man nicht offen für jede Hilfe ist, dann darf man sich nicht wundern, wenn das Ganze nicht so positiv ausgeht, wie man es dem Patienten gerne wünscht.

Ich erinnere mich in diesem Zusammenhang an folgende Geschichte, die perfekt dazu passt:

> Eine Hochwasserkatastrophe hat einen Mann auf das Dach seines Hauses getrieben. Doch auch dort ist er nicht sicher - das Wasser steigt bedrohlich an. Retter in einem Boot kommen vorbei und wollen ihn mitnehmen. "Nein danke", antwortet er, "Gott wird mich retten."

> Es wird Nacht, das Wasser steigt weiter, der Mann klettert auf den Schornstein. Wieder kommt ein Boot vorbei, und die Helfer rufen: "Steig ein!" "Nein, danke, Gott wird mich retten." lautet die Antwort. Schließlich kommt ein Hubschrauber. Die Besatzung sieht ihn im Scheinwerferlicht, das Wasser reicht ihm bis zum Kinn. "Nehmen Sie die Strickleiter", ruft einer der Männer. "Nein, danke, Gott wird mich retten." sind die letzten Worte des Mannes, denn kurze Zeit später ertrinkt er. Im Himmel beschwert er sich bei Gott: "Mein Leben lang habe ich treu an Dich geglaubt. Warum hast Du mich nicht gerettet?" Gott sieht ihn erstaunt an: "Ich habe dir zwei Boote und einen Hubschrauber geschickt. Was sollte ich denn noch tun? Worauf hast du gewartet?"

Ich muss gestehen, dass mir bei solchen Beispielen (das letzte ist natürlich nur eine überzeichnete Variante des Grundgedankens) die Luft wegbleibt. Ich denke aber, dass jeder nur für sich verantwortlich ist, und wenn jemand meint, in seiner Komfortzone bleiben zu müssen, dann ist das ganz alleine seine Entscheidung.

Die Frage ist nun: Sind Sie bereit, Ihre Komfortzone zu verlassen? Sind Sie grundsätzlich offen für Neues, auch auf die "Gefahr" hin, dass Sie nicht wissen, was auf Sie zukommt oder wie das Ergebnis aussehen wird?

Ich möchte Sie nachdrücklich ermutigen, über Ihren Schatten zu springen. Ich weiß, dass es sich in jedem Fall lohnen wird, ganz egal, wie das Ergebnis aussehen wird. Wenn Sie es nicht versuchen, haben Sie keine Chance, dass sich etwas ändern wird. Wenn Sie jedoch einen Schritt wagen, der Ihr Leben ändern kann, dann besteht zwar die Möglichkeit, dass es nicht klappt, aber es besteht genauso die Chance, dass das Ergebnis großartig wird.

Nutzen Sie diese 50%-Chance. Es wird sich lohnen. Ich weiß das zu 100%. Ich nehme Sie gerne gedanklich an die Hand und zeige Ihnen, wie eine veränderte Sichtweise auf das Leben möglich ist und welche wunderbaren Ergebnisse auf Sie warten.

8. Die ersten Fragen

Es kommt, wie es kommen musste. Ich hatte zwar, als ich dieses Buch in Angriff genommen habe, keine Idee, wie das Konzept und der Inhalt aussehen könnten, aber kaum habe ich mich diesem Thema geöffnet, sprudeln die Ideen und die Gedanken nur so aus mir heraus. Das ist für mich natürlich keine Überraschung. Das Universum weiß schon, was es tut. Starten wir also mit dem, was zu Beginn das wichtigste ist.

8.1. Der Coaching-Einstieg

Wenn ich in ein Coaching einsteige, versuche ich, folgende Fragen als erstes zu klären:

- Was ist Ihre Motivation? Was ist Ihr Warum?
- Was wollen Sie wirklich-wirklich-wirklich?
- Was ist Ihre Bestimmung bzw. Ihre Lebensaufgabe?

Meine Erfahrung lehrt mich, dass die allermeisten Menschen diese Fragen nicht ad hoc beantworten können. Ganz im Gegenteil ...

Ich halte es aber für unabdingbar notwendig, diese Fragen für sich selbst zweifelsfrei beantworten zu können, um das eigene Leben als ausgefüllt und glücklich erleben zu können.

Es geht mir nicht darum, ob ein Mensch, z.B. weil er viel Geld verdient und erfolgreich zu sein scheint, ein Gefühl der Zufriedenheit, besser vielleicht Befriedigung, erlebt und fühlt. In diesen Fällen erkenne ich fast immer eine Art Ersatzbefriedigung, z.B. shoppen gehen.

Umgekehrt erlebe ich Menschen, die wirklich wissen, wer und was sie sind, was ihr Antrieb, also ihr Warum ist und die wirklich-wirklich-wirklich wissen, was sie wollen, sowie was ihre Lebensaufgabe ist, als extrem glücklich. Und zwar unabhängig davon, ob ein sozialer Status dies zu rechtfertigen scheint.

Zusätzlich erlebe ich Menschen, die diese drei Fragen für sich positiv beantworten können, sehr häufig als besonders entspannt und lebensfroh, anstatt gestresst oder sogar depressiv.

Ich persönlich bin davon überzeugt, dass man bei allem, was man tut, immer dann besonders gut ist, wenn man es aus Überzeugung umsetzt und es als Lebensaufgabe empfindet. Dies gilt gleichermaßen für alle Menschen, ganz unabhängig vom Inhalt ihrer Aufgabe oder den sozialen Rahmenbedingungen. Darum fragen Sie sich bitte:

- Was ist Ihre Motivation? Was ist Ihr Warum?
- Was wollen Sie wirklich-wirklich-wirklich?
- Was ist Ihre Bestimmung bzw. Ihr Lebensaufgabe?

8.2. Die Relevanz-Pyramide

Um diese Fragen für sich selbst zu klären, empfehle ich gerne ein Konzept, das ich Relevanz-Pyramide getauft habe. Ich habe das Konzept in meinem Buch "Reframingcoaching - Unterbewusstes bewusst auflösen" erläutert und zitiere im Folgenden aus meinem Buch, weil dieser Punkt von großer Bedeutung ist.

Schreiben Sie sich auf, was Sie „alles" wollen. Alles, was Ihnen einfällt. An dieser Liste werden Sie sicher ein paar Stunden oder sogar Tage sitzen müssen, weil Ihnen immer wieder etwas einfallen wird, an das Sie nicht sofort denken, was Ihnen aber beim Nachdenken, ggfs. in einer meditativen Phase, bewusst wird.

Diese „Wünsche" schreiben Sie auf kleine Zettel, auf jeden Zettel einen Wunsch. Vielleicht haben Sie dann hundert kleine Zettel mit jeweils einem Wunsch?

Nun legen Sie jeweils zwei Wünsche nebeneinander und fühlen in sich hinein, was Ihnen wirklich wichtig davon ist. Den wichtigeren Wunsch legen Sie nach oben in Ihre gedachte Pyramide, den weniger wichtigen Wunsch eine Stufe tiefer.

So gehen Sie mit jedem Wunsch vor. Die jeweils wichtigeren Wünsche legen Sie weiter nach oben, die etwas weniger wichtigen Wünsche weiter nach unten. Wenn Ihnen Wünsche gleich wichtig sind, legen Sie diese Zettel nebeneinander hin.

Sie werden nach einiger Zeit, vielleicht sitzen Sie sogar Stunden an diesen Gegenüberstellungen, eine Relevanz-Pyramide erhalten. Das, was Ihnen wirklich–wirklich–wirklich wichtig ist, steht ganz oben. Die nun offenbar etwas weniger wichtigen Wünsche eine Stufe oder auch zwei Stufen darunter. Und die Wünsche, die Sie anfänglich als ebenfalls wichtig erachtet hatten, finden sich plötzlich in den unteren Reihen wieder.

Sie werden voraussichtlich feststellen, dass die Verteilung Ihrer Wunsch-Relevanz dem Bild einer Pyramide ähnelt. Ganz oben ist der zentrale Wunsch Ihres Lebens, z.B. Ihre Lebensbestimmung zu erkennen, und darunter finden sich abgestuft immer mehr Wünsche, je weniger relevant diese Wünsche für Sie sind. Und womöglich ist das, was Ihnen spontan als erstes eingefallen ist, in Wirklichkeit eher unwichtig, z.B. ein neues Auto.

8.3. Der Meditationszustand

Um tatsächlich herauszufinden, was Ihnen wirklich-wirklich-wirklich wichtig und was Ihr Warum ist, ist es zielführend, diese Fragen nicht aus dem Wachbewusstsein zu beantworten, sondern das Unterbewusste diese Fragen beantworten zu lassen. Nur wie kann man das erreichen?

Wann haben Sie Ihre besten Ideen? Wann fallen Ihnen gute Lösungen ein? Wann haben Sie das Gefühl, dass eine Antwort wirklich richtig ist, ohne dass das Bewusstsein z.B. durch Wünsche oder ein Mangelbewusstsein "dazwischenfunkt"?

Wahrscheinlich haben Sie solche Situationen schon oft erlebt und können sich dementsprechend in die Antwort hineinfühlen. Immer dann, wenn Sie wie in Trance Ihre Gedanken haben schweifen lassen, z.B. unter der Dusche oder während längerer Autobahnfahrten, sowie kurz vor dem Einschlafen und während des Aufwachens hatten Sie mit einmal Gedankenblitze und Aha-Erlebnisse. In diesen meditativen Zuständen waren mit einmal die Antworten glasklar und fühlten sich richtig an. Ich empfehle Ihnen deshalb, zu versuchen, sich in diesen meditativen Zustand (Theta-Zustand) zu versetzen.

Um dies zu erreichen, gibt es verschiedene Hilfsmittel. Ich spreche jetzt nicht von bewusstseinserweiternden Drogen, die hierbei auch helfen können, sondern einfacher von Techniken, die einen Theta-Zustand "manuell" herbeiführen können, z.B. die Nutzung von Binaural Beats oder isochronen Tönen. Wie dies funktioniert, erkläre ich z.B. auf meinen Webseiten, aber auch in vorangegangenen Büchern.

8.4. Der Theta-Zustand im Coaching

Eine professionelle Möglichkeit, diesen meditativen Zustand zu erreichen, ist es, sich durch einen Coach, ich habe dies oftmals erfolgreich durchführen dürfen, In Form einer positiven und liebevollen Führung in diesen Theta-Zustand führen zu lassen.

Früher habe ich dies Hypnose genannt, aber unter Hypnose verstehen viele so etwas wie eine Show-Hypnose, bei der man mit einmal glaubt, ein Huhn zu sein o.ä. Damit hat meine Begleitung in diesen Theta-Zustand nichts zu tun. Ganz im Gegenteil ist man jederzeit Herr seiner Sinne und weiß ganz genau, was man tut, man verliert lediglich das Zeitgefühl und ist absolut tiefenentspannt.

Bei Interesse an einer gemeinsamen Klärung dieser Fragen nehmen Sie bitte gerne Kontakt über die Webseite seelen-coaching.de auf.

8.5. Weitere Hilfsmittel

Es gibt noch weitere Hilfsmittel, die etwas Licht ins Dunkel bringen und einen Anhaltspunkt für die Klärung der aufgeführten Fragen liefern können. So habe ich z.B. Numerologie als Hilfsmittel kennengelernt, wobei ich mich damit nur wenig auskenne. Ich habe allerdings erstaunliche Ergebnisse kennenlernen dürfen, deshalb will ich diese Möglichkeit nicht ausschließen. Zumindest kann es zu einigen Gedankenanregungen bei den Menschen führen, die dann über diesen Weg auf Ideen und Ansätze kommen, die man für die weitere geführte Klärung, z.B. über den oben erwähnten Theta-Zustand, nutzen und einsetzen kann.

8.6. Was Sie nun erwartet ...

In den nächsten Kapiteln beschäftige ich mich mit einigen Inhalten, die zum Verständnis für den Titel des Buches, das Sie in den Händen halten, wichtig sind:

- Das wichtigste Wort zum gesund & glücklich sein: DANKE!

Ich versuche, die theoretischen Teile möglichst kurz zu fassen, z.B. die Unterscheidung zwischen Bewusstsein und Unterbewusstem usw., damit wir recht schnell wieder auf die greifbaren Empfehlungen zurückfinden.

Insgesamt gibt es in diesem Buch auch ein paar theoretische Hintergrundinformationen, aber tatsächlich soll alles insgesamt ein Mutmach-Buch sein. Und genau darum geht es mir auch. Sie dürfen sich über Ihr Leben freuen, Sie dürfen dankbar sein, und ich zeige Ihnen, warum und wie.

9. Schuld und Verantwortung

Warum halte ich dieses Kapitel für wichtig? Tatsächlich erlebe ich praktisch immer in Coachings, dass Menschen von Schuld sprechen. Und Schuld führt unweigerlich zu Stress und Stress zu Cortisol, einem Stresshormon, im Blut. Und dass Stresshormone keine positive Wirkung auf den Metabolismus und auch auf die Psyche haben, liegt wahrscheinlich auf der Hand. Ich komme auf diesen Zusammenhang später noch ausführlicher zu sprechen.

- Ich bin schuld, dass …
- Mein Vater ist schuld, dass …
- Mein Arbeitgeber ist schuld, dass …
- Der Staat ist schuld, dass …

Gemein haben diese Aussagen, dass es einen eindeutigen Schuldner und demgegenüber ein klar zu identifizierendes Opfer gibt. In den allermeisten Fällen sind dabei die anderen oder die Umstände schuld.

Ich sehe das komplett anders ... Um deutlich zu machen, warum ich dies komplett anders sehe und was der Unterschied zwischen Schuld und Verantwortung ist, muss ich ein Kapitel aus dem Buch "Reframingcoaching - Unterbewusstes bewusst auflösen" zitieren. Falls Sie dieses Buch schon gelesen haben, ist eine Wiederholung des Gelesenen sogar positiv, weil sich der Inhalt dann verfestigt. Es ist mir wichtig, diesen Punkt auch für dieses Buch herauszustellen.

9.1. Was ist Schuld?

Die beiden Begriffe Schuld und Verantwortung werden häufig ähnlich verwendet, dabei gibt es einen großen Unterschied.

Was versteht man unter Schuld?

> Schuld wird der folgend beschriebene Zustand genannt: wenn jemand für einen Verstoß gegen eine durch sittliche, ethisch-moralische oder gesetzliche Wertvorstellung gesetzte Norm verantwortlich ist. Beispielsweise kann dies der absichtliche Verstoß gegen ein Verbot (zum Beispiel Diebstahl) oder auch der fahrlässige Verstoß gegen ein Verbot (zum Beispiel Fahr-

> lässige Tötung) sein. In der Regel wird davon ausgegangen, dass nur eine einzelne Person für ihre Schuld einzustehen hat und ihr die Schuld anderer nicht zurechenbar ist. So werden die Vererbbarkeit von Schuld und das Einstehenmüssen einer Gruppe für die Schuld anderer (Kollektivschuld, Sippenhaft) häufig abgelehnt. Schuld ist demnach höchstpersönlich..[1]

9.2. Was ist Verantwortung?

Verantwortung wird wie folgt beschrieben:

> Der Begriff der Verantwortung bezeichnet nach verbreiteter Auffassung die Zuschreibung einer Pflicht zu einer handelnden Person oder Personengruppe (Subjekt) gegenüber einer anderen Person oder Personengruppe (Objekt) aufgrund eines normativen Anspruchs, der durch eine Instanz eingefordert werden kann und vor dieser zu rechtfertigen (zu beantworten) ist. Handlungen und ihre Folgen können je nach gesellschaftlicher Praxis und Wertesystem für den Verantwortlichen zu Konsequenzen wie Lob und Tadel, Belohnung, Bestrafung oder Forderungen nach Ersatzleistungen führen. Die Beziehung (Relation) zwischen den beteiligten Akteuren knüpft am Ergebnis des Handelns an..[2]

1 https://de.wikipedia.org/wiki/Schuld_(Ethik)

2 https://de.wikipedia.org/wiki/Verantwortung

9.3. Unterscheidung Schuld und Verantwortung

Der Unterschied zwischen Schuld und Verantwortung wird so beschrieben:

> Der Begriff der Schuld deckt nur einen Teil des Begriffsfeldes von Verantwortung ab. Zum einen ist er rein retrospektiv auf bereits eingetretene Handlungsergebnisse bezogen. Zum anderen setzt er einen feststellbaren Verstoß gegen bestehende Normen voraus, die einzuhalten jemand die Verantwortung hatte. Schuld tritt erst ein, wenn jemand seiner Verantwortung nicht nachgekommen ist, obwohl er anders hätte handeln können. Dann kann die Rechtfertigung des Handelns nicht mehr gelingen.[3]

Das Fühlen von Schuld und/oder Verantwortung ist positiv zu betrachten, denn nur wenn man eine Schuld oder Verantwortung fühlt, kann man ein Schuldbewusstsein oder ein Verantwortungsbewusstsein haben. Dazu führt das Erkennen der eigenen Verantwortung auch zur Freiheit, denn „dürfen" ist positiver als „müssen".

9.4. Wie entstehen Schuldgefühle?

Aus meiner Erfahrung entstehen viele Schuldgefühle, obwohl man sich dies kaum vorzustellen vermag, bereits im

[3] https://de.wikipedia.org/wiki/Verantwortung

Mutterleib. Ein Fötus empfängt und spürt nämlich über Neurotransmitter Gefühle wie Ablehnung oder Enttäuschung über das Geschlecht. Alle Gefühle der Mutter übernimmt das Baby ungefiltert und widerspruchslos für sich selbst.

Im Kleinkindalter bis zu etwa drei Jahren nimmt das Kind gleichfalls alle Verhaltensweisen Dritter, insbesondere der Eltern, als richtig an und hinterfragt nichts. Alles, was als negativ empfunden wird, z.B. Vorwürfe, Ablehnung, Strafen usw., wird das Kind auf sich projizieren und als "so ist das" verinnerlichen.

In dieser Zeit manifestieren sich alle Arten von Glaubenssätzen, Blockaden und Schuldgefühlen. Dies kann in Form von diffusen psychischen Blockaden zu Verhaltensauffälligkeiten führen. Schuldgefühle als seelische Belastung führen z.B. häufig zu einem Vermeidungsmuster, z.B. um das "Gefühl der Ungeliebtheit" unbedingt zu "vermeiden".

Oftmals machen sich Erwachsene Vorwürfe für etwas in der Kindheit Geschehenes, weil sie eine Illusion von Kontrolle leben, z.B. "Ich hätte eine Situation als Kind verhindern können = daraus folgt eine Verantwortung als Erwachsener, da man versagt zu haben glaubt."

Das Vermächtnis dieser Opferrolle kann dann schnell zu einer doppelten Selbstverdammung führen: "Weil ich nicht gut/stark genug war, ist es geschehen. Weil ich es zugelassen habe, bin ich schlecht. => Selbstverachtung".

Dass solche Schuldgefühle nicht zu einem guten Ergebnis führen können, liegt auf der Hand. Allerdings behaupte ich, dass überhaupt kein einziges Schuldgefühl zu einem guten Ergebnis führen kann. Und ich behaupte, dass sämtliche Schuldgefühle unnötig sind, denn es geht nicht darum, jemandem eine Schuld zuzuschieben, sondern, wenn überhaupt, nur darum, eine im Hier und Jetzt vorhandene Verantwortung anzuerkennen und das Beste anzustreben.

Schuldgefühle sind nur falsche Überzeugungen, und das Gefühl der Schuld/Sühne ist negativ, denn das Schuld/Sühne-Gefühl ist nur ein Ersatz für jede Verantwortung und genauso negativ wie die Tat selbst. Die Anerkennung von Verantwortung ist jedoch kraftvoll, und daraus folgendes verantwortliches Handeln ist positiv und zielführend.

9.5. Wie findet man die Ursache für Schuldgefühle?

Um überhaupt die eigene Verantwortung erkennen und leben zu können, ist es wichtig, auftretende Schuldgefühle wahrzunehmen und hinterfragen zu können. Ähnlich wie bei der Angst-Analyse können Sie auch bei der Schuldgefühl-Analyse vorgehen:

1. Wie genau können Sie Ihr Schuldgefühl beschreiben?

2. Wann ist dieses Schuldgefühl das erste Mal aufgetreten?

3. Was war, falls Sie dies ohne eine Rückführung in diese Situation erkennen können, der Auslöser für das Schuldgefühl?

4. Welche Auswirkungen hat dieses Schuldgefühl auf meine Psyche und meinen Körper?

5. Wo im Körper und in welcher Form spüre ich das Schuldgefühl konkret?

6. Was kann ich zum Positiven beeinflussen?

7. Was kann ich nicht beeinflussen?

8. Wie beeinflusst mich mein Schuldgefühl im täglichen Leben? Was kann schlimmstenfalls passieren, wenn ich dieses Schuldgefühl nicht loswerde?

Beantworten Sie alle Fragen schriftlich so detailliert wie möglich und geben Sie Ihre Notizen einer Vertrauensperson, mit der Sie diese Fragen offen besprechen können. Im Gespräch werden wahrscheinlich neue Blickwinkel zu Tage treten, die Ihnen weiterhelfen, den oder die Auslöser für Ihr(e) Schuldgefühl(e) zu erkennen.

Es ist, ähnlich wie bei Ihren Ängsten, sehr wahrscheinlich, dass die Auslöser und Ursachen Ihrer Schuldgefühle in Ihren ersten Lebensjahre, häufig sogar inkl. Ihren ersten neun Lebensmonaten im Bauch Ihrer Mutter, zu finden sind. Aus Sicht des Erwachsenen waren womöglich harmlose Situationen Ausschlag gebend.

Mit der von mir im weiteren Verlauf des Buches beschriebenen Vorgehensweise war es mir praktisch immer möglich, die Auslöser und Ursachen von Ängsten und Schuldgefühlen zu finden. Sobald diese Situationen "aufgelöst" und mit dem erwachsenen Ich neu betrachtet werden können, können diese Situationen nie wieder zum gleichen Gefühl von Angst oder Schuld führen. Die Generalisierung ist aufgehoben, man hat wieder die Entscheidungsgewalt in einer ähnlichen Situation.

9.6. Negative Energien ablegen

Kommen Ihnen folgende Begriffe, die nichts Anderes als negative Energien verkörpern, bekannt vor?

- Schamgefühl
- Schuldgefühle
- Angst
- Flehen
- Opferrolle
- Obrigkeitshörigkeit
- Machtlosigkeit, Hilflosigkeit
- Schlechtes Gewissen

Ich lade Sie ein, dass Sie sich jedes Mal, wenn Sie ein solches Gefühl bei sich selbst erkennen, bewusst die negative Energie substituieren und sich positiv "umprogrammieren"? Falls Sie dies für möglich halten, dann sind Sie bereit dafür, Ihre eigene Verantwortung anzunehmen und zu leben.

9.7. Verantwortung leben

Wenn Sie mir bis hierhin inhaltlich gefolgt sind und mit mir darin übereinstimmen, dass Sie mit Ihrem Denken, Glauben und Fühlen Ihre Realität mitgestalten, dann werden Sie nie wieder die Verantwortung für Ihr Leben im Außen suchen, sondern sich Ihrer persönlichen Verantwortung für alles Erlebte bewusst sein und bleiben.

Was sich in Ihrem Leben ereignet, ist das eine, wie Sie damit umgehen, das andere. Wenn Sie andere Menschen oder die Umstände für Ihre Lage und Ihr Erlebtes verantwortlich machen, sitzen Sie in der Falle. Ihrem Leben eine andere Richtung geben können nur Sie, wenn Sie die Verantwortung für Ihr Leben und Ihr Glück annehmen und übernehmen. Das Größte, was Sie verinnerlichen können, ist zu erkennen, dass das Schöpferische in Ihnen wohnt und zu lernen, damit positiv-konstruktiv umzugehen.

Der Vorteil ist, wenn Sie wissen, dass Sie für alles in Ihrem Leben verantwortlich sind und Sie dies durch Ihr Denken verursachen, sowie dass Sie sich auf diesem Weg dem Bewusstsein für die Möglichkeit nähern, es ändern zu können.

Sobald Sie anerkennen, dass Sie alles in Ihrem Leben durch Ihr Denken verursacht haben, werden Sie nicht mehr über Probleme jammern, sondern Ihr Denken und Fühlen in Harmonie bringen und neu ausrichten. Herzlichen Glückwunsch, Sie sind somit endlich in der Position des Handelnden und nie mehr in der Sackgasse eines Opfers. Werfen Sie einfach Ihr Herz in die richtige Richtung und gehen Sie hinterher.

9.8. Entscheiden Sie sich

Sie haben in meinen Augen das große Glück, an einem Punkt angelangt zu sein, an dem Sie eine Entscheidung für Ihr Leben treffen können. Und zwar ohne im Detail zu wissen, welche Möglichkeiten noch im weiteren Verlauf dieses Buches aufgezeigt werden, Sie auf Ihrem Weg zu unterstützen. Bereits jetzt können Sie eine Entscheidung treffen. Meine Empfehlung lautet:

➢ Entscheiden Sie sich, Ihre Verantwortung für alles, was in Ihrem Leben passiert, anzuerkennen. Fokussieren Sie Ihr Denken auf das Positive und Gute, was Sie wirklich wollen, auszurichten und behalten das Heft des Handelns in Ihren Händen. Entscheiden Sie sich unter diesem Blickwinkel für Frieden, Harmonie, Güte, Freude, Glück und vor allem Liebe und Vertrauen. Lassen Sie immer das Gute in sich entscheiden und überlassen Sie niemals Dritten oder äußeren Umständen die Entscheidung. Das Gute entscheidet nicht für Sie, sondern durch Sie. Entscheiden Sie sich dafür, ein Glücks- und Erfolgsmagnet zu sein.

Wer keine Entscheidungen trifft, darf sich nicht wundern, wenn andere die Entscheidungen für ihn treffen. Wer sich nicht entscheidet, hat sich entschieden, andere entscheiden zu lassen, nämlich die Vertreter des Durchschnitts, das Massenbewusstsein. Wollen Sie das? Oder sind Sie bereit, Ihre Verantwortung anzuerkennen, anzunehmen und zu leben?

Wenn Sie nicht handeln, werden Sie behandelt. Setzen Sie sich ans Steuer Ihres Lebens, lassen Sie Ihren inneren Motor an, geben Sie Gas und fahren Sie in Ihre gewünschte Richtung los. Nur dann können Sie tatsächlich Ihr eigenes Ziel erreichen. Alles, was Sie denken und fühlen, ist Ihnen möglich, es ist nur eine "Sünde", gegen diese Lebensgesetze zu verstoßen.

Sie müssen übrigens nicht von sich erwarten, sofort alles richtig zu machen. Niemand ist perfekt. Das Leben verzeiht Fehler und ist nicht nachtragend. Sie können sich jeden Tag entscheiden und Ihr Bewusstsein neu ausrichten. Wo ein Wille ist, da ist auch ein Weg. Immer. Das Glück liebt die "Macher". Ist das nicht eine hervorragende Perspektive?

Wichtig ist nur, dass Sie sich entscheiden, denn wie jede Reise mit einem ersten Schritt beginnt, ist auch Ihre bewusste Entscheidung, wie Sie Ihr Leben nun in voller Verantwortung leben möchten, ein erster Schritt. Nur das, was Sie vor sich herschieben oder aufschieben, wird größer und übermächtig, ähnlich wie eine Schneekugel im Schnee.

Und denken Sie vor allem daran, so banal es sich auch anhören mag:

- Eine Entscheidung kann sich als (im ersten Moment) richtig oder falsch herausstellen, keine Entscheidung ist jedoch immer falsch.

9.9. Weisheit des „Papa"

Auf jeden Fall bin ich fest davon überzeugt, dass sich jede „Anstrengung" auf Ihrem neuen Weg lohnt. Davon versuche ich auch meine Kinder zu überzeugen. So formulierte ich - aufbauend auf ein altes chinesisches Sprichwort - eine „Weisheit des Papa", die ich an der Wand im Zimmer meines Sohns befestigte. Hier eine ergänzte Fassung:

- NUR ICH bin verantwortlich für meine Gedanken.
- NUR ICH bin verantwortlich für meine Worte.
- NUR ICH bin verantwortlich für meine Gefühle.
- NUR ICH bin verantwortlich für meine Überzeugungen.
- NUR ICH bin verantwortlich für meine Entscheidungen.
- NUR ICH bin verantwortlich für mein Handeln.
- NUR ICH bin verantwortlich für meine Gewohnheiten.
- NUR ICH bin verantwortlich für meine Eigenschaften.
- NUR ICH bin verantwortlich für meinen Charakter.

- NUR ICH bin verantwortlich für meine Realität.
- NUR ICH bin verantwortlich für mein Schicksal.
- NUR ICH bin verantwortlich für mein Leben.
- NUR ICH bin verantwortlich für MICH.

9.10. Sie sind verantwortlich ... immer!

Der Titel dieses Unterkapitels gefällt vielen Menschen nicht. Ich soll verantwortlich für alles sein? Und dann auch noch immer? Was für ein Quatsch, nicht wahr? Eine solche Aussage ist nun wirklich Unfug, nicht wahr? Was können Sie z.B. dafür, wenn man schlecht über Sie spricht, Sie womöglich mobbt oder Ihr Leben irgendwie aus den Fugen zu geraten scheint? Sie können doch nichts dafür!

Um zu verstehen, warum Sie immer für alles selbst verantwortlich sind, muss ich Ihnen das "Gesetz der Anziehung" bzw. das "Gesetz der Resonanz" erläutern.

10. Das Gesetz der Anziehung

Das "Gesetz der Anziehung" bzw. das "Gesetz der Resonanz" sind für das Verständnis sehr wichtig, dass Sie selbst für alles, was in Ihrem Leben passiert, verantwortlich sind. Ich zitiere im Folgenden einige Absätze aus meinem Buch "Siegersystem - Gewinnen ist Bauchsache" Band 1.

10.1. Definition

Kennen Sie das „Gesetz der Anziehung", auch „Law of Attraction" genannt? Damit ist nicht gemeint, dass man einen anderen Menschen anziehend, also attraktiv, findet, sondern:

Als Gesetz der Anziehung (englisch law of attraction, kurz LOA), auch Resonanzgesetz oder Gesetz der Resonanz, wird in der Selbsthilfe- und Lebensberatungsliteratur die Annahme bezeichnet, dass Gleiches Gleiches anzieht. Diese Vorstellung bezieht sich speziell auf das Verhältnis zwischen der Gedanken- und Gefühlswelt einer Person und ihren äußeren Lebensbedingungen. Es wird von einer gesetzmäßigen Analogie zwischen Innen- und Außenwelt ausgegangen. Diese Analogie soll nutzbar gemacht werden, indem man durch eine Änderung der persönlichen Einstellung zu gegebenen äußeren Umständen eine analoge Änderung dieser Umstände im gewünschten Sinne herbeizuführen versucht.

Seinen Ursprung findet der Begriff Gesetz der Anziehung im Jahr 1877 in einem Buch der Okkultistin Helena Petrovna Blavatsky.

Gegen Ende des 19. Jahrhunderts wurde der Begriff von den Autoren Prentice Mulford und Ralph Waldo Trine, den ersten Vertretern der Neugeist-Bewegung, und später auch von anderen neugeistig orientierten Autoren, verwendet. Seitdem wurde der Begriff wiederholt von diversen esoterisch orientierten Personen und Gruppierungen aufgegriffen.

Größere Bekanntheit erreichte er 2006 durch den Film "The Secret" und das gleichnamige Buch der Drehbuchautorin und Produzentin Rhonda Byrne[4].

Das Gesetz der Anziehung gilt generell, für alles und alle. Es gilt für alles, das existiert. Jeder Gedanke, den wir denken, jedes Gefühl, das wir fühlen, zieht ähnliche oder gleichartige Gedanken und Gefühle an. Es reicht schon aus, dass wir etwas aufmerksam betrachten. Dies erzeugt Gedanken und jeder Gedanke ruft entsprechende Gefühle und Schwingungsmuster hervor

Diesen Überlegungen liegt die Annahme zugrunde, dass alles Geistige – also Gedanken, Gefühle, Befürchtungen und Wünsche – „Schwingungen" erzeugt. Diese Schwingungen sollen sich von der Person, die sie erzeugt, auf die Außenwelt übertragen und dort entsprechende Wirkungen hervorrufen, unabhängig davon, ob die Person sich dessen bewusst ist oder nicht. Daraus wird die These abgeleitet, ein Kenner und Anwender des Gesetzes der Anziehung könne seine Wünsche durch gezielte Ausrichtung seiner Aufmerksamkeit wahr werden lassen. Das Gesetz der Anziehung wird somit als Werkzeug aufgefasst, mit dem jeder sein Leben nach seinen Wünschen und Vorstellungen gestalten kann.[5]

---

[4] http://www.thesecret.tv/about/rhonda-byrnes-biography/

[5] https://de.wikipedia.org/wiki/Gesetz_der_Anziehung

Dieses „Gesetz der Anziehung" habe ich unzählige Male in meinem Leben erlebt. Ich hege nicht den geringsten Zweifel, dass dieses „Gesetz" universell gilt. Allerdings ist mit diesem „Wissen" eine große Verantwortung verbunden, denn wenn man durch sein Denken seine Umwelt „erzeugt und "anzieht"", dann muss man folgerichtig akzeptieren, dass man für Dinge, die man in der jeweiligen Situation subjektiv als negativ empfindet, verantwortlich ist.

Auf der anderen Seite halte ich es für möglich, Wohlstand, Gesundheit und Glück ins Leben zu ziehen, indem man lernt, die Macht des Unterbewusstes zielorientiert zu nutzen. Man hat diese Macht, wenn man gelernt hat, sie für die gewünschten Ziele einzusetzen. Und vor allem muss man seine im Wege stehenden Blockaden und Glaubenssätze auflösen.

10.2. Worauf sollte man beim LOA besonders achten?

Das, was man anziehen möchte, muss man ausstrahlen und fühlen. Man muss es "sein". Wenn Sie sich mit negativen Denkinhalten beschäftigen, dann wundern Sie sich bitte nicht, dass Sie die entsprechenden Inhalte in Ihr Leben ziehen. Wenn Sie etwas „befürchten", geben Sie diesem Gedanken Raum in Ihrem Leben und verleihen ihm Kraft. Somit ziehen Sie genau das in Ihr Leben, was Sie „befürchten".

Resonanzen können sich verstärken und Dynamiken entwickeln, die Ihren eigenen Wünschen entgegenwirken. Ein gutes Beispiel ist die Gruppendynamik. Umgeben Sie sich ausschließlich mit positiven Menschen, die Ihnen wohlgesonnen sind, Sie respektieren, anerkennen, würdigen und achten. Sie werden sehen, dass sich dies positiv auf Ihr Denken und Fühlen auswirkt.

Stoppen Sie jedes problemorientierte Denken, damit Sie nicht die damit einhergehenden Glaubenssätze übernehmen und verstärken. Absolut kontraproduktiv sind "falsche" (wobei man besser destruktive oder negative sagen sollte) Glaubenssätze, Blockaden, Bevormundungen, Schuldgefühle und Ängste. Korrigieren Sie Ihre Sichtweise und versuchen Sie, Begeisterung, Vertrauen und Leidenschaft zu entwickeln und zu verinnerlichen.

Alles dies ist leichter gesagt, als getan, aber Sie lesen dieses Buch natürlich auch, um genaue Handlungsanweisungen zu erhalten, wie Sie diese Herausforderung meistern können.

10.3. Gesetz der zwanghaften Folge

Um zu verstehen, wie man das eigene Unterbewusste „zielgerichtet programmieren kann“, muss man einen Punkt absolut verinnerlicht haben:

- Sie bekommen nicht, was Sie wollen, sondern das, was Ihrem Denken, Ihrem Glauben und Ihren Überzeugungen entspricht.

Lesen Sie diesen Satz bitte mehrfach bewusst, darum wiederhole ich ihn:

- Sie bekommen nicht, was Sie wollen, sondern das, was Ihrem Denken, Ihrem Glauben und Ihren Überzeugungen entspricht.

Und nochmals:

- Sie bekommen nicht, was Sie wollen, sondern das, was Ihrem Denken, Ihrem Glauben und Ihren Überzeugungen entspricht.

Wenn Sie jetzt meinen, dass das nicht sein kann, weil Sie schon hundert Mal gedacht und gehofft haben, z.B. im Lotto zu gewinnen, dann fragen Sie sich bitte, ob Sie an diesen Lottogewinn wirklich geglaubt haben und keinen Fünkchen Zweifel hatten, dass es so kommen wird. Hätten Sie Ihr Leben für diese Überzeugung auf´s Spiel gesetzt oder waren Sie sich in Wirklichkeit doch nicht ganz so 100-prozentig sicher.

Gleiches gilt für den Einwand, dass dieser elementar wichtige Satz nicht stimmen kann, weil Sie schon tausendfach dafür gebetet haben, dass Sie „im Geld schwimmen" und ganz sicher nie wollten, dass Sie „knapp bei Kasse" sind, aber trotzdem nicht wissen, wie es sein kann, dass der Monat noch nicht zu Ende ist, obwohl das Konto schon bei null steht?

Dann fragen Sie sich bitte, ob Sie von klein auf „gelernt" haben, dass Sie jeden Wohlstand verdient haben und dieser Wohlstand zu Ihnen gehört und passt, wie Ihre Nase und Ihre Ohren. Oder haben Sie stattdessen Sätze gehört wie:

- „Das Geld ist knapp, wir müssen sparen."
- „Das Geld wächst nicht auf den Bäumen."
- „Man muss sich alles hart erarbeiten."
- „Geld macht nicht glücklich."

Und vieles mehr, was in diese Richtung geht. Aber wie und warum soll das Geld zu Ihnen „fließen", wenn Sie es mit Ihren tief verwurzelten Überzeugungen „abweisen"?

Genau das gleiche gilt für Ihre Gesundheit. Haben Sie schon mal gehört?

- „Zieh Dich warm an, ansonsten erkältest Du Dich."
- „Wenn Du barfuß läufst, wirst Du krank."
- „Trockne Deine Haare, ansonsten liegst Du bald flach."

Wenn man so etwas in seinem Leben immer und immer wieder hört, dann glaubt man es ganz automatisch. Warum sollte man Sie schließlich angelogen haben.
Aber wenn man es glaubt, dann wird gemäß dem „Gesetz der zwanghaften Folge" auch genau das passieren, was Sie glauben. Sobald Sie barfuß oder mit nassen Haaren rumlaufen, fangen Sie sich eine Erkältung ein. Ihr Unterbewusstes wird schon dafür sorgen, dass Ihnen geschieht, was Sie glauben.

10.4. Weine nicht über vergossene Milch

Ein erster Schritt lautet:

➤ Weine nicht über vergossene Milch!

Diese Metapher soll auf einen wichtigen Punkt hinweisen, den man viel zu oft übersieht, und das ist menschlich. Können Sie etwas ändern an dem, was passiert ist? Können Sie das Umfallen und Zerbersten einer Milchflasche rückgängig machen? Sozusagen mit einem Zeitrückreise-Zauberstab?

Die Antwort ist natürlich klar, Sie können es nicht. Wenn eine Milchflasche umgefallen und die Milch ausgelaufen ist, dann können Sie an diesem Ärgernis nichts mehr ändern. Ist es dann sinnvoll, sich darüber zu ärgern? Oder wäre es nicht viel zielführender, das Bestmögliche aus der Situation machen zu wollen, z.B. indem man die restliche Milch sammelt und einer Katze zu trinken gibt?

Dieses einfache Beispiel übertragen Sie bitte auf Ihr komplettes Leben. Ist es sinnvoll, sich über ein verlorenes Fußballspiel zu ärgern? Oder ist es nicht viel vernünftiger, aus der Niederlage zu lernen und für das nächste Spiel etwas mehr zu trainieren und sich positiv zu fokussieren? Hierfür kommt ein paar Seiten später noch ein super Beispiel, wie man nach einer Niederlage reagieren "sollte". Jürgen Klopp hat eine "perfekte" Antwort auf die Frage gegeben, wie lange er sich als Liverpooler Trainer nach der Niederlage im Endspiel der Champions League 2018 gegen Real Madrid geärgert hat. Die Antwort lesen Sie am Ende dieses Unterkapitels.

Egal, was in Ihrem Leben auch passiert sein mag, es hat Sie nicht umgebracht, oder? Können Sie heute noch irgendetwas ändern, was Ihnen in Ihrer Kindheit, in Ihrer Partnerschaft oder im Beruf widerfahren ist? Und trotzdem belasten Sie sich damit? Vielleicht sogar so sehr, dass es Sie krank gemacht hat? Ist das wirklich sinnvoll, erstrebenswert und der Sinn Ihres Lebens?

Ich möchte Ihnen an dieser Stelle einen meiner Lieblingsfilme ans Herz legen:

➢ „Ist das Leben nicht schön"

  Ist das Leben nicht schön? erzählt die Geschichte des sozial engagierten Bürgers George Bailey, der in der Weihnachtsnacht wegen eines Missgeschicks seinen Lebensmut verliert und sich von einer Brücke stürzen will – bis er von einem Engel gerettet wird, der ihm zeigt, wie seine Heimatstadt aussehen würde, wenn er nie geboren wäre. Trotz kommerziellen Misserfolgs wurde der Film mit der Zeit zum Klassiker und wird von vielen Kritikern als einer der besten Filme aller Zeiten angesehen.[6]

[6] https://de.wikipedia.org/wiki/Ist_das_Leben_nicht_sch%C3%B6n%3F

Diesen Film möchte ich Ihnen nachdrücklich empfehlen, um Ihnen aufzuzeigen, dass alles, aber auch wirklich alles, in Ihrem Leben einen Sinn hat, den Sie womöglich nicht im ersten Moment erkennen, der Ihnen aber, wenn Sie Glück haben, im Verlaufe Ihres Lebens bewusst wird. Selbst wenn Sie glauben, dass nichts mehr einen Sinn hat, alles ganz furchtbar ist und Sie am liebsten von der nächsten Brücke springen würden, dann hilft Ihnen dieser Film, den Blickwinkel zu korrigieren.

Ich habe diese Situationen erlebt. Glauben Sie mir, ich wollte alles hinter mir lassen. Aber wenn ich an diesen Film denke, den ich in solch einer schlimmen Lebensphase das erste Mal sah, dann weiß ich, dass es keine Zufälle gibt. Und meine Empfehlung lautet deshalb:

- Das Leben genießen – JETZT.

Denn für mich ist völlig klar: Vergangenes zu bedauern und sich um die Zukunft zu sorgen, sind Illusionen. Entscheidend ist ausschließlich das Hier und Jetzt. Lassen Sie sich nie-nie-nie entmutigen. Nicht die vergossene Milch ist wichtig, sondern Sie als Mensch sind es.

An dieser Stelle möchte ich nun, wie bereits avisiert, Jürgen Klopp zitieren, der nach dem verlorenen Champions League Finale 2018 gegen Real Madrid gefragt wurde, wie lange er traurig und niedergeschlagen war. Er antworte sinngemäß:

- Ungefähr drei Stunden, denn das Leben ist zu kurz, um über Niederlagen nachzudenken.

Großartig, einfach großartig!

10.5. Ärgern Sie sich

Im vorherigen Kapitel habe ich mehrfach das Thema "Sie ärgern sich ..." angesprochen. Ist Deutsch nicht eine wunderbare und sehr genaue Sprache?

Was sagt "Sie ärgern sich ..." oder "Ich ärgere mich ..."? Es sagt aus, dass Sie sich selbst ärgern oder ich mich selbst ärgere. Also ärgert mich nach dieser Aussage nicht der Raser, der die Lichthupe aufleuchten lässt, sondern "ich ärgere mich".

Ich bitte Sie, falls Sie es können, mir irgendwann zu erklären, welchen Sinn es haben könnte, "sich selbst zu ärgern". Wem nutzt es?

Wenn es schon ganz sicher keinen Nutzen bringt, "sich selbst zu ärgern", dann stellt sich nur noch die Frage, ob es einen positiven Effekt haben kann, "sich von jemandem oder etwas ärgern zu lassen", z.B.

- Es ärgert mich, dass ich im Stau stehe.
- Es ärgert mich, dass die Lebenshaltungskosten steigen.
- Es ärgert mich, dass es regnet.
- Das respektlose Verhalten meiner Kinder ärgert mich.

- Das ständige Verspäten von XYZ ärgert mich.

Die Liste können Sie selbst am besten ergänzen. Sie werden sicher Hunderte von Ärgernissen auflisten können.

Hierzu folgende Fragen:

- Können Sie etwas daran ändern? Zum einem an dem Ärgernis selbst, zum anderen an Ihrer Reaktion darauf?

- Warum ärgert Sie genau das, was Sie ärgert? Seit wann? Was war der Auslöser? Wo finden Sie sich selbst in diesem Ärgernis wieder?

Wenn Sie z.B. im Stau stehen, können Sie am Stau selbst nichts ändern. Sie können nur aus dieser Erfahrung lernen und beim nächsten Mal eine andere Route wählen oder zu einer anderen Tageszeit fahren. Vielleicht können Sie sich noch weitere Lösungen vorstellen, z.B. mit dem Zug zu fahren o.ä.

Wenn Sie also zum jeweiligen Zeitpunkt nichts an der Situation selbst ändern können, dann stellt sich die Frage, welchen Sinn es hat, sich darüber zu ärgern. Ändert dieses Ärgern irgendetwas an der Situation? Oder müssen Sie nicht selbst über Ihre Reaktion lachen, da das Ärgern im Auto so gar nichts bringt, außer dass Sie ein Gefühl von Stress empfinden und das Hormon Cortisol, ein Stresshormon, ausgeschüttet wird?

Ich lade Sie ein, dass Sie beim nächsten Mal nicht mit Stress auf ein solches "Ärgernis" reagieren, sondern positiv und bejahend? Vielleicht fällt es Ihnen noch schwer, sich vorzustellen, positiv zu reagieren, doch ich werde im Laufe des Buches aufzeigen, dass es Ihnen möglich sein wird. Und Sie werden überrascht sein, wie gerne Sie solche Situationen suchen und erkennen werden, nur um positiv darauf reagieren zu können. Unfug? Warten Sie es ab.

Auf den zweiten Fragenkomplex möchte ich auch noch eingehen. Warum ärgert Sie genau das, was Sie ärgert? Seit wann? Was war der Auslöser? Wo finden Sie sich selbst in diesem Ärgernis wieder?

Nun mag die Art dieser Fragen auf Sie irritierend wirken. Schließlich, so glauben Sie, haben Sie selbst nichts mit der Ursache des Ärgerns zu tun. Sie ärgern sich lediglich über dies und das, weil "man" sich eben über so etwas ärgert. Das geht sicher allen Menschen so.

Weit gefehlt. Dass Sie sich z.B. ärgern, wenn Sie im Stau warten müssen und nicht vorwärtskommen, heißt nicht, dass es allen Menschen so geht. Es gibt genauso gut die umgekehrte Sichtweise, dass sich jemand darüber freut, wenn er im Stau steht, z.B. weil er froh ist, eine Pause vom Auto fahren machen zu können, oder weil er z.B. die Standzeit nutzen kann, um etwas zu trinken oder ein Telefonat zu führen.

Jede Situation, absolut jede Situation, in welcher man sich ärgern kann, kann genauso gut aus einem anderen Blickwinkel betrachtet werden, nämlich als positives Ereignis, das man genießen kann.

Die Frage lautet, warum ärgern Sie sich genau über dies oder jenes. Warum ärgern Sie sich z.B., wenn ein Freund zu spät zu einer Verabredung kommt oder es regnet, wenn Sie gerade keinen Regenschirm dabeihaben?

Fast immer lassen sich alle Ärgernisauslöser auf folgende tiefer liegende überaus menschlichen Bedürfnisse zurückführen

- Respekt
- Wertschätzung
- Kontrolle

Wenn Sie von jemanden respektlos behandelt werden oder ein Geschenk von Ihnen auf wenig Wertschätzung trifft oder Sie sich hilflos ausgeliefert fühlen, z.B. im Stau oder bei schlechtem Wetter, dann ist die Chance groß, dass Sie in irgendeiner Form mit Stresssymptomen reagieren. Es wird in Ihrem Körper Cortisol ausgeschüttet, evtl. auch Adrenalin, Sie reagieren mit erhöhtem Blutdruck, Magenschmerzen usw.

Das, worauf Sie reagieren, hat natürlich mit Ihnen selbst zu tun, mit Ihren Erfahrungen und Erwartungen. Wenn man z.B.

zu spät zu einer Verabredung mit Ihnen kommt, sind nicht die 10 Minuten Verspätung entscheidend für Ihr Ärgern, sondern die Situations-Reaktions-Matrix, wie ich das gerne nenne, greift zurück auf viel tiefer liegende Muster, nämlich das Gefühl, nicht respektvoll und wertgeschätzt behandelt zu werden. Und dieses Gefühl von zu wenig Respekt und Wertschätzung hat sich nicht gestern oder heute entwickelt, sondern in Ihrer frühesten Kindheit.

Wenn Sie mir in der Herleitung aufmerksam gefolgt sind, dann werden Sie zweierlei erkennen:

- Sie ärgern sich "selbst". Und womöglich ärgern Sie sich sogar am meisten darüber, dass Sie sich ärgern. Die Herausforderung besteht darin, bei jedem zukünftigen Ärgernis, zu erkennen, ob Sie etwas an der Situation ändern können und zu lernen, das Positive (den Lerneffekt) zu erkennen.

- Die eigentliche Situation ist nicht der Grund für Ihr Ärgern, sondern die hinter der Situation "versteckte" Situations-Reaktions-Matrix, nämlich das, was Ihnen wirklich etwas ausmacht, Sie irgendwann verletzt hat und in Ihrem Unterbewussten als Glaubenssatz spontane Gefühlsreaktionen freisetzt, sobald ein Trigger (als Auslöser der Erinnerung) das unterschwellige Muster aktiviert.

Jetzt müssen Sie lernen, die Ärger-Situationen zu erkennen und zu hinterfragen, also die wahren Beweggründe für Ihre jeweilige Reaktion zu erspüren, um eine Trennung zwischen der wahrscheinlich eigentlich banalen Situation und der im Unterbewussten tief verwurzelten "Dynamiken" zu erreichen.

10.6. Das Symptom als Lösungswegweiser

Für das folgende Unterkapitel entnehme ich Teile aus meinem Buch "Reframingcoaching - Unterbewusstes bewusst auflösen." Es geht mir in diesem Buch zwar um etwas Anderes, aber der Gedanke "Das Symptom als Lösungswegweiser" soll Ihnen helfen, zu analysieren, warum Sie auf irgendeine Situation in der Art und Weise reagieren, wie Sie es tun.

Was wäre, wenn ein Auto sprechen und sagen könnte, was defekt ist? Das würde die Arbeit von Werkstätten deutlich vereinfachen, weil die Fehlersuche entfallen könnte. Ein Problem auf der physischen Ebene beim Menschen zu erkennen, ist allerdings heutzutage überwiegend gut möglich. Die Diagnostik leistet Erstaunliches. Deutlich schwieriger wird es aber, wenn ein Auto ein traumatisches Erlebnis, z.B. einen Unfall, gehabt hätte und es nun erklären müsste, warum es auf Grund dieses Erlebnisses langsamer (vorsichtiger) fährt. Die Gefühlsebene einer Maschine wurde noch nicht entdeckt, und ich bezweifle stark, dass es dazu kommen wird, aber bei Menschen steht es außer Frage, dass Gedanken und Gefühle den Körper und die Leistungsfähigkeit beeinflussen.

Nun stellt sich die Frage, wie man vorgehen kann, um ein Symptom als Hinweis der Seele auf ein unterbewusstes „Problem" zu nutzen, um die eigentliche Ursache z.B. für ein "verärgertes Reagieren auf eine Situation" zu finden und ggfs. aufzulösen. Dabei geht es mir nicht darum, ein Symptom, z.B. das Ärgern über eine Verspätung, zu „bearbeiten", sondern den tief liegenden Grund für diese Verärgerung herauszufinden und bewusst zu machen.

Folgende Fragen einer Symptomanalyse führen auf den Weg des Erkennens:

Wann ist das Symptom das erste Mal aufgetreten?

- Welche Situation hat zu diesem Symptom geführt (Umgebung, Menschen, Geräusche, Geruch, Wetter, etc.)?
- Welche Gefühle sind damit verbunden (Wut, Angst, Verzweiflung, Einsamkeit, Abstoßung, Machtlosigkeit, Kontrollverlust etc.)?
- Wie zeigt sich das Symptom auf psychischer Ebene?
- Wo hat sich das Symptom physisch manifestiert (Körperreise)?
- Warum genau dieses Organ? Welche Aufgabe obliegt diesem Organ?
- Welche vormaligen Erfahrungen werden damit verbunden? Wie hängt das Organ mit dem Erlebten zusammen?

- Welchen Vorteil hat das Symptom? Wofür ist dieses Symptom wichtig?

- Welchen Nachteil hat es, das Symptom loszulassen? Welchen Preis müsste man ggfs. dafür in Kauf nehmen?

- Warum ist es wichtig, gesund zu werden? Ist es wirklich das oberste Ziel?

- Welche Nachteile sind mit einer Gesundung verbunden?

In einer persönlichen Analyse werden weitere Fragen auftauchen, die fallabhängig wichtig sein können. Die o.a. Fragen werden aber immer gestellt und aufgeschlüsselt. Ich empfehle Ihnen einen Selbstversuch. Versetzen Sie sich in Situationen, bei denen Sie verärgert, ablehnend oder negativ reagieren und beantworten Sie sich selbst die obigen Fragen, soweit es Ihnen möglich ist, z.B. in einem meditativen Zustand.

10.7. Voraussetzungen für eine erfolgreiche Umsetzung

Wie haben Sie als kleines Kind laufen oder sprechen gelernt? War es schwierig? Haben Sie beim ersten Misserfolg aufgegeben? Oder sind Sie „dran geblieben", bis Sie es konnten? Was hat dazu geführt, dass Sie es trotz aller Schwierigkeiten immer weiter versucht haben?

Die Antwort ist einfach. Sie hatten zum einen keinen Zweifel, dass Sie laufen und sprechen lernen werden, zum anderen war es nicht Ihr Ziel, zu laufen und zu sprechen, sondern es war Ihr Ziel, irgendwo hin zu kommen und kommunizieren zu können, um Ihre Wünsche verständlich machen zu können. Das Laufen und das Sprechen selbst waren dafür nur notwendige Hilfsmittel, die Sie unterbewusst „erlernt" haben. Sie haben das, was Ihre höchste Relevanz genoss, ohne große Anstrengung gelernt. Zumindest mussten Sie dafür zu keinem Zeitpunkt bewusst „Ihren inneren Schweinehund überwinden".

Wie ist es heute, wenn Sie etwas lernen „müssen", z.B. eine Fremdsprache? Fällt Ihnen dies auch so leicht, wie in Ihren ersten Lebensjahren? Wahrscheinlich nicht, aber woran liegt das?

Zum einen spielt auch hier wieder die Relevanz eine Rolle. Würde das Erlenen der Fremdsprache notwendig sein, damit Sie sich mit Ihrem Traumpartner unterhalten können, dann würde es keine Arbeit für Sie bedeuten, weil Sie nur das Ziel im Auge haben, sich mit Ihrem Traumpartner austauschen zu können.

Ist jedoch das Erlernen der Sprache nicht so relevant, sondern Sie machen es nur, z.B. weil Ihr Arbeitgeber wünscht, dann wird das Erlernen der Sprache fast schon zur Qual, zumindest für viele. Wollen ist einfacher, als müssen.

Ich selbst habe dies in einer vergleichbaren Situation erlebt. Ich wollte Schach spielen lernen. Und zwar so gut, dass ich gegen meinen Vater gewinne. Das Durchwälzen von unzähligen Schachbüchern fiel mir dabei leicht, weil es mein oberstes Ziel war, gegen meinen Vater zu gewinnen. Diese hohe Relevanz hat das Lernen leicht gemacht. Und natürlich habe ich mein Ziel erreicht.

Der zweite Punkt ist die Art des Lernens. Wenn Sie „unterbewusst" lernen, z.B. indem Sie sich wochenlang in diesem Land aufhalten und jeden Tag hören, wie um Sie herum gesprochen wird, dann werden Sie gar nicht anders können, als die Sprache immer besser zu verstehen. Nach einiger Zeit werden Sie in der Fremdsprache träumen. Sobald Sie jedoch versuchen, die Grammatik und die Vokabeln bewusst zu pauken, wird es Ihnen schwerer fallen, die Sprache zu verinnerlichen.

Was lernen wir daraus? Zum einen muss es Ihnen wirklich wichtig sein, etwas zu lernen, zum anderen sollte das Lernen „unterbewusst" erfolgen. Nicht zuletzt ist die Überzeugung wichtig, dass man diese Aufgabe meistern wird.

10.8. Gedankenhygiene

Den Begriff „Gedankenhygiene" nutze ich gern, weil er sehr gut bildhaft und beinahe greifbar wiedergibt, worauf man wirklich bewusst achten sollte, in meinen Augen sogar „muss".

Bedenken Sie bitte, dass jeder Gedanke ein Gefühl auslöst, und jedes Gefühl äußert sich früher oder später körperlich.

Wenn Sie z.B. denken: „Mir wird bestimmt schwindelig", dann führt dieser Gedanke zu einem Gefühl der Angst und Hilflosigkeit.

Im Körper wird auf Grund dieses Gefühls ein Stresshormon ausgeschüttet. Ihr Herzschlag wird schneller, Ihr Blutdruck steigt. Die Folge kann tatsächlich sein, dass Ihnen schwindelig wird. Somit hat sich der Gedanke bewahrheitet.

Wenn Sie stattdessen denken „Heute geht es mir gut, es wird ein toller Tag", dann werden Sie ein positives Gefühl auslösen, vielleicht Zufriedenheit o.ä. Das heißt, Ihre Gedanken erzeugen Gefühle, die sich in Ihrem Körper manifestieren.

Wenn man nun weiß, dass absolut jeder Gedanke irgendein Gefühl auslöst, das Auswirkungen auf den Körper hat, dann erscheint es mir mehr als ratsam, möglichst nur noch das zu denken, was zu positiven Gefühlen und somit zu angenehmen Körperreaktionen führt.

Da man negative Gedanken nicht vollends vermeiden kann, ist es um so wichtiger, sich diesen Gedanken zu „stellen" und nach Möglichkeit schnellstmöglich aufzulösen. Gehen Sie deshalb Konflikten nicht aus Angst vor Ablehnung oder Kränkung aus dem Weg, sondern versuchen Sie, sie in Harmonie und liebevoll aufzulösen, denn Konflikte verschwinden nicht, wenn man sich Ihnen nicht stellt. In Ihrem Inneren bleiben sie bestehen, wirken dort zu Ihrem Nachteil und schwächen Ihre Gesundheit und die Chance auf Erfolg.

Darum ist es sinnvoll, sich klar zu machen, dass man nur das in seinen Kopf lassen sollte, was Sie tatsächlich denken möchten. Ein paar Beispiele, wie Sie auf Ihre Gedankenhygiene achten können:

- Möchten Sie wirklich morgens, mittags und abends negative Nachrichten über Mord und Totschlag, Überschwemmungen, Unglücke usw. sehen und hören?

- Was halten Sie für zielführender für einen guten Nachtschlaf? Einen Horrorfilm, ggfs. einen Krimi mit vielen Toten oder alternativ eine Liebeskomödie mit Happy End?

- Was ist besser für Ihr inneres Gleichgewicht? Ein netter Abend mit der Familie und Freunden? Oder Streit und Stress, weil Sie ja bei irgendeiner „unglaublich wichtigen" Sache Recht behalten wollen?

- Was halten Sie für gesundheitsfördernder? Positive Menschen, die Ihnen ein gutes Gefühl vermitteln, oder „Energiediebe", die gerne meckern und motzen?

Fragen Sie sich bitte, ob Sie an den vielen „schlechten Nachrichten", die Sie bisher in Ihrem Leben aus den Medien, aus der Zeitung oder aus dem Radio erfahren haben, irgendetwas ändern konnten. War es wichtig, zu erfahren, dass ein Terroranschlag verübt wurde? Muss man hierüber wirklich informiert sein? Falls Ja, warum? Um „mitreden" zu können?

Ich meine, dass es nur dann sinnvoll sein kann, über Grausamkeiten, Ungerechtigkeiten und Not informiert zu werden, wenn man selbst etwas unternehmen kann, um zu helfen – in allen anderen Fällen kann ich keinen Vorteil oder Nutzen an diesen Informationen erkennen.

Darum meine nachdrückliche Empfehlung: Betreiben Sie Gedankenhygiene, indem Sie mit Ihrer Informationshygiene anfangen. Lassen Sie nur das an sich heran, was für Ihr Leben zielführend ist oder Sie in gute Stimmung versetzt. Leiten Sie Ihre Gedanken auf die positiven Dinge Ihres Lebens. Konzentrieren Sie sich ausschließlich auf das, was Sie glücklich macht und nicht auf das, was nicht gut läuft und Sie (möglicherweise unterbewusst) belastet.

Ein Beispiel: Mutter Teresa wurde zu einer Anti-Kriegs-Demonstration eingeladen. Sie hat abgelehnt. „Ladet mich zu einer Friedens-Demo statt zu einer Anti-Kriegs-Demo ein, dann komme ich", soll sie sinngemäß geantwortet haben.

Darum: Räumen Sie Ihr Bewusstsein auf und entrümpeln Sie. Lassen Sie nur das in Ihre Gedankenwelt, was positiv und aufbauend ist. Sobald Sie sich dazu entschieden haben, Ihre Gedanken neu zu ordnen und bewusst auf Ihre Gedankenhygiene zu achten, können Sie den nächsten Schritt unternehmen. Erschaffen Sie sich Ihre Wunschwelt.

Dieser Schritt ist alles andere als leicht, da Sie nicht nur auf Ihre Gedanken achten, sondern vorab noch Ihre unterbewussten Glaubenssätze und Blockaden aufgelöst haben müssen. Und dazu müssen Sie felsenfest davon überzeugt sein, dass Sie all das auch „können".

10.9. Lösungen statt Probleme

Ich kenne in meinem Umfeld unglaublich viele Menschen, die sich das Leben schwer machen. Überall sehen sie Probleme. Das geht nicht, jenes muss ich, das droht uns usw. Warum, frage ich mich immer, beschäftigen sich die Menschen mit Problemen, an denen sie nichts ändern können, anstatt lösungsorientiert zu agieren und das Bestmögliche mitzugestalten?

Ich unterscheide insbesondere zwischen folgenden Denkmustern:

- problemorientiertes Denken
- lösungsorientiertes Denken

Beide Denkmuster werden bereits früh in der Kindheit "gelernt" und im Unterbewussten festgelegt. Eine nachträgliche Veränderung dauert nach meiner Erfahrung lange und bedarf einer konzentrierten Anstrengung und Selbstfokussierung.

Das problemorientierte Denken sieht in jeder Herausforderung erst einmal die Schwierigkeit, das Problem, ein Hindernis, evtl. sogar die Unmöglichkeit einer Lösung.

- "Problemorientierung: Was fehlt? Was geht nicht?"

Das lösungsorientierte Denken nimmt eine Herausforderung als Chance an, sucht sofort nach Lösungsmöglichkeiten und schafft unverzüglich Voraussetzungen für Lösungsansätze.

- "Lösungsorientierung: Was hilft? Was führt zum Vertrauen?"

Je lösungsorientierter man ist, desto mehr ist man bereit, auf das Machen eigener Fehler zu verzichten, sondern stattdessen von anderen zu lernen. In meinen Augen ist dieser Weg höchst sinnvoll. Was meinen Sie?

Übrigens: Das Beschreiben eines Problems verstärkt das Problem, genauso wie z.B. das Selbstmitleid das negative Gefühl und damit die als negativ empfundene Situation verstärkt. Allerdings: Nicht die Deutung eines Ereignisses ist wichtig, weil eine Deutung immer subjektiv ist, sondern nur das Ereignis selbst. Diese Betrachtung von Situationen und Erlebtem muss vielfach erst gelernt werden, aber ich bin sicher, dass sich dieser Aufwand lohnt. Einige Hilfsmittel finden Sie zum Ende dieses Buches.

Ich bin absolut davon überzeugt davon, dass sich "alles findet", wenn man mutig und zuversichtlich sein wirkliches Ziel verfolgt und seinen Idealen treu bleibt. Man darf sich dabei von niemanden, z.B. von den allseits vorhandenen Zweiflern und Bedenkenträgern, von seinem wahren Ziel abbringen lassen.

Egal welches Denkmuster vorherrscht, das Ergebnis wird das jeweilige Denkmuster bestätigen, denn:

10.10. Gedanken erschaffen Realität

Erst das, was zumindest einmal gedacht wird, kann sich in der physischen Welt manifestieren. Hätte man nicht die Möglichkeit "gedacht", dass man mit Werkzeugen bessere Arbeitsergebnisse erzielen kann, wären weder die Entwicklung von Eisenwerkzeugen, noch alle weiteren darauf aufbauenden Werkzeugkonstruktionen möglich gewesen. Hätte man nicht die Möglichkeit von elektrischem Licht "gedacht", hätten wir heute noch keine Glühbirnen. Egal um welche Erfindung es geht, es muss erst die Möglichkeit hierfür "gedacht" worden sein.

Ich hege keinen Zweifel, dass die heutige Science-Fiction, z.B. das Beamen, der Warp-Antrieb, Zeitreisen etc. in der Zukunft machbar sein werden, ganz egal wie unmöglich vieles davon heute noch erscheinen mag. Vor 1.000 Jahren hat man es ganz sicher für völlig unmöglich gehalten, sich tagelang unter Wasser zu bewegen, über Kontinente oder in den Weltraum zu fliegen, schneller als der Schall zu sein oder weltweit in Sekunden zu kommunizieren. Heute nutzt jeder Jugendliche völlig selbstverständlich ein Smartphone und verschickt E-Mails.

Wenn man sich klarmacht, dass alles, was sich in der Realität manifestiert, zuvor "gedacht" sein muss, dann liegt der Gedankenschluss auf der Hand, dass alles, was man denkt, eine Folge hat. Jeder Gedanke ist der Ausgangspunkt für eine Gedankenwelle, die eine Resonanz sucht. Und je mehr Gedankenwellen in Resonanz sind, desto mehr wird genau dieser dazu gehörende Gedanke verstärkt. In der Physik spricht man von einer Resonanzfrequenz, wenn sich überlagernde Wellen verstärken.

Gedanken, die sich widersprechen, werden sich dementsprechend abschwächen oder sogar auslöschen. Auf Wellenüberlagerungen übertragen ist dies in der Physik ein alltägliches Phänomen und nichts Besonderes.

Wenn man nun davon ausgeht, dass erst Gedanken "gedacht" werden müssen, um in der Folge in der physischen Welt beobachtet werden zu können, dann liegt es nahe, anzunehmen, dass jeder Gedanke eine Auswirkung in der physischen Wahrnehmbarkeit hat. Es würde sich für mich zumindest nicht erschließen, warum einige Gedanken eine Folge haben sollten, andere jedoch nicht.

Was ich jedoch für naheliegend halte, ist eine Parallelität zu beobachtbaren Wellenphänomenen in der Physik, wie ich sie zuvor beschrieben habe. Ähnlich wie bei Wellen halte ich es auch bei Gedanken für physikalisch nachvollziehbar, dass sich konträre Gedanken abschwächen oder aufheben und immer wieder ähnliche oder kongruente Gedanken verstärken, bis sie zu einer Manifestation in der physischen Welt führen.

Der große Vorteil, der sich jetzt für Sie als Leser dieses Buches ergibt, ist, dass Sie es in der Hand haben, Ihr Leben neu zu gestalten. Der große Nachteil dieses neuen Wissens ist, dass Sie nun (leider) die Verantwortung für alles übernehmen "müssen", was sich in Ihrem Leben manifestiert. Die Verantwortung liegt zu 100% bei Ihnen.

10.11. Also: Verantwortung leben

Wenn Sie mir bis hierhin inhaltlich gefolgt sind und mit mir darin übereinstimmen, dass Sie mit Ihrem Denken, Glauben und Fühlen Ihre Realität mitgestalten, dann werden Sie nie wieder die Verantwortung für Ihr Leben im Außen suchen, sondern sich Ihrer persönlichen Verantwortung für alles Erlebte bewusst sein und bleiben. Es gibt keine "Schuld" im Außen, bei den Eltern, auf Grund der Herkunft, der Berufsausbildung, den Umständen usw.

Was sich in Ihrem Leben ereignet, ist das eine, wie Sie damit umgehen das andere. Wenn Sie andere oder die Umstände für Ihre Lage und Ihr Erlebtes verantwortlich machen, sitzen Sie in der Falle. Ihrem Leben eine andere Richtung geben können nur Sie, wenn Sie die Verantwortung für Ihr Leben und Ihr Glück übernehmen. Das Größte, was Sie verinnerlichen könnten, ist zu erkennen, dass das Schöpferische in Ihnen wohnt und zu lernen, damit positiv-konstruktiv umzugehen.

Der Vorteil ist, wenn Sie wissen, dass Sie für alles in Ihrem Leben verantwortlich sind und Sie dies durch Ihr Denken verursachen, dass Sie dadurch das Bewusstsein für die Möglichkeit haben, es jederzeit ändern zu können.

Sobald Sie anerkennen, dass Sie alles in Ihrem Leben durch Ihr Denken verursacht haben, werden Sie nicht mehr über Probleme jammern, sondern Ihr Denken und Fühlen in Harmonie bringen und neu ausrichten. Herzlichen Glückwunsch, Sie sind somit endlich in der Position des Handelnden und nie mehr in der Sackgasse eines Opfers. Werfen Sie einfach in Ihr Herz in die richtige Richtung und gehen Sie hinterher.

11. Psyche: Bewusstsein und Unterbewusstes

Ich werde in diesem Buch nicht erklären, was Denken, Fühlen, Glauben und Vertrauen ist, aber ich muss zumindest in kurzer Form erläutern, was Bewusstsein und das Unterbewusste sind. Ich nehme hierfür einen verkürzten Rückgriff auf Band 1 zur "Omniatherapie - Gesundheit & Glück durch Verstehen & Versöhnung".

11.1. Was ist die Psyche?

Bei dem Begriff Psyche gibt es viele unterschiedliche Betrachtungsweisen, was eine konstruktive Diskussion erschwert, wenn nicht sogar unmöglich macht. So lautet eine Beschreibung:

> Die Psyche (altgriechisch ψυχή, deutsch ‚Seele') ist ein Ort menschlichen Fühlens und Denkens, sowie die Summe aller geistigen Eigenschaften und Persönlichkeitsmerkmale eines Menschen. Im Gegensatz zur Seele umfasst die Psyche keine transzendenten Elemente. In der Medizin geht man auch von der Annahme aus, dass Körper (Physis) und Geist (Psyche) nicht grundsätzlich voneinander unabhängig sind, sondern sich gegenseitig beeinflussen können (Psychosomatik). Obwohl im allgemeinen Kontext auf Menschen beschränkt, wird gelegentlich auch bei Tieren von einer „Psyche" gesprochen.[7]

Ich hätte noch weitere Definitionsversuche aufführen können, aber wichtig war mir nur, festzuhalten, dass es keinen Konsens gibt, was die Psyche eigentlich ist. Mal werden vier Wesensteile angenommen, nämlich Psyche – Bewusstsein – Geist – Seele, Mal wird Psyche mit Seele gleichgesetzt, mal ist die Psyche die Summe aller menschlichen Wahrnehmungen und lediglich ein Speichermedium, dann ist Psyche die Gesamtheit aller geistigen Vorgänge und wird mit Seele oder Geist übersetzt. Insgesamt ein großes Durcheinander. Wie soll man bei dieser Unklarheit vernünftig diskutieren können?

Ich definiere den Begriff Psyche als Trinität wie folgt:

[7] https://de.wikipedia.org/wiki/Psyche

Unterbewusstes

Das Unterbewusste nimmt den größten Teil des „Ichs" ein. Vergleichbar mit einem Eisberg, bei dem ca. 90% (entsprechend dem Unterbewussten) unter Wasser sind und nur etwa 10% (entsprechend dem Bewusstsein) über Wasser zu sehen sind. Das Unterbewusste steuert u.a. die Sinneswahrnehmungen, körperliche Vorgänge, Reflexe und das Gedächtnis. Es arbeitet deduktiv und logisch wie ein Computer, aber ausschließlich im Hier und Jetzt, also im Präsens. Was das Unterbewusste übermittelt, wird ausgeführt. Oftmals ist man sich jedoch nicht der Voraussetzungen bewusst, von denen das Unterbewusste ausgeht, wenn es eine Schlussfolgerung zieht oder eine Handlung initiiert.

Das Unterbewusste ist dabei offen für „Befehle" des Wachbewusstseins (oder auch kurz Bewusstseins). Das Unterbewusste ist somit direkt verantwortlich für Ihre Realität. Es hat die Leistungsfähigkeit eines Über-PC, der jeden PC der Welt um Längen schlägt, ist also extrem leistungsfähig. Alle Erfahrungen Ihres Lebens sind hier abgespeichert, wobei nicht klar ist, wo der Speicherort liegt (Gehirn, Bauch, Akasha).

Das Unterbewusste ist direkt mit dem Wachbewusstsein verbunden. Wenn das Wachbewusstsein keine Handlungsanweisungen formuliert, wird das Unterbewusste auf Basis der bestehenden Erfahrungen und Gefühle tätig. Dabei kann das Unterbewusste den Vorteil nutzen, nicht die reine Vernunft bei der Entscheidungsfindung und Handlungsentscheidung berücksichtigen zu müssen.

Wachbewusstsein

Dem Wachbewusstsein werden alle Eigenschaften der täglichen Kommunikation zugeordnet, also Gedanken, Leistung, Handeln. Dabei ist es die wichtigste Aufgabe des Wachbewusstseins, dem Unterbewussten „Aufträge" zu erteilen. Die eigentliche Aufgabe des Wachbewusstseins ist also, die Führung bei allen Handlungen zu übernehmen und zu entscheiden, was zu tun ist. Leider wird diese Kernaufgabe des Wachbewusstseins zu oft vernachlässigt.

Die Kapazität und die Leistungsfähigkeit des Wachbewusstseins sind dabei sehr beschränkt. Man kann z.B. nur denken und glauben, was man schon mal gelernt (erlebt) hat. Dabei kann man im Unterschied zum Unterbewussten in der Vergangenheit, in der Gegenwart und in die Zukunft denken, wobei Zukünftiges nur gedacht werden kann, wenn es mit den Erfahrungen und Werten des Unterbewussten übereinstimmt. Daher können Affirmationen nur erfolgreich sein, wenn sie mit Programmen des Unterbewussten in Einklang gebracht, also vom Unterbewussten „geglaubt" werden können. Dazu komme ich noch im späteren Verlaufs des Buchs zu sprechen.

Überbewusstsein

Das Überbewusstsein wird auch „Höheres Selbst", kosmische Intelligenz oder Gott genannt (es gibt noch viel andere Begriffe). Das Überbewusstsein ist wie eine kleine innere Stimme, die nur Liebe, Freude und Glück kennt. Es ist die Quelle des Lebens, der innere Gottesfunken eines jeden

Menschen. Das Überbewusstsein ist Lieferant einer Fülle von Ideen (Inspiration) und Unterstützung (man weiß dann, was richtig ist und wird innerlich sehr ruhig), ohne direkt vorzugeben, was zu tun ist, denn dafür zeichnet das Wachbewusstsein mit seiner Entscheidungsfreiheit (freier Wille) verantwortlich.

Die Psyche als Gesamtheit der drei Bewusstseinsformen ist für das Individuum viel wichtiger, als der Körper, was sich schon dadurch zeigt, dass man problemlos körperliche Beeinträchtigungen in Kauf nimmt, wenn sich daraus ein Vorteil für die Psyche ergibt. Warum sonst sollte man sich freiwillig piercen, tätowieren oder Ohrlöcher stechen lassen?

11.2. Was ist ein/Ihr Ego?

Das eigene Ego steht einem Menschen (ich nehme mich da keinesfalls aus) viel zu häufig im Weg. Doch was ist das Ego? Eine Definition:

> Unter Selbstwert (auch: Selbstwertgefühl, Selbstwertschätzung, Selbstachtung, Selbstvertrauen, oder unpräziser: Selbstbewusstsein, Eigenwert, umgangssprachlich auch Ego) versteht die Psychologie die Bewertung, die man von sich selbst hat. Das kann sich auf die Persönlichkeit und die Fähigkeiten des Individuums, die Erinnerungen an die Vergangenheit und das Ich-Empfinden oder auf das Selbstempfinden beziehen. Unterschieden wird nicht nur, ob der Selbstwert einer Person hoch oder niedrig ist, sondern auch ob er

> stabil oder instabil, kontingent oder nicht-kontingent, explizit (bewusst kognitiv) oder implizit (unbewusst affektiv erfahrungsbedingt), sicher oder fragil ist. Laut Leary und Mitarbeitern dient der Selbstwert als ein Indikatior für die soziale Integration eines Menschen (Soziometer-Theorie). Nach dem kognitiven Modell von Aaron T. Beck wird der Selbstwert auch stark von Denkprozessen (Grundannahmen, automatische Gedanken, verzerrte Informationsverarbeitung) beeinflusst.[8]

Gemäß dieser Darstellung ist das Ego etwas, was außerhalb des Ganzen steht. Je stärker das Ego, desto mehr sieht sich der Mensch getrennt von allem anderen. Das Ego steht also der Wahrheit im Wege und separiert die Seele von allen anderen Seelen und somit weg vom göttlichen Einssein. Je mehr man es vermag, sein Ego zurück zu nehmen und sich nicht gegenüber anderen Menschen und „Dingen" zu überhöhen, desto schneller wird man auf dem Weg zum eigentlichen Ziel des Lebens finden. Erkennen Sie Ihr Ego und geben Sie ihm keine Macht über sich (Ihre Seele und Ihren Sinn des Lebens).

---

[8] https://de.wikipedia.org/wiki/Selbstwert

11.3. Funktionsweise des Unterbewussten

Das Unterbewusste ist besonders aufnahmebereit, wenn sich das Bewusstsein (alle äußeren Sinne) im Dämmermodus befindet. In diesem Zustand leistet das Bewusstsein weniger Widerstand.

- Das Unterbewusste steuert Ihr autonomes Nervensystem (Herz, Kreislauf, Verdauung etc.).

- Das Unterbewusste denkt in Bildern, Metaphern, Gefühlen und Empfindungen.

- Das Unterbewusste kann weder Entscheidungen treffen, noch Vergleiche anstellen, sondern es arbeitet auf assoziativer Basis und nutzt alles „Wissen" (eigentlich besser Glauben), das man im bisherigen Leben verinnerlicht hat.

- Ihr Unterbewusstes "steuert" Sie. Immer! Und zwar auf Basis der von Ihnen gemachten Erfahrungen und unter Berücksichtigung aller Ihrer Glaubenssätze. Haben Sie Vertrauen, denn dasjenige, was Sie glauben und vertrauen, ist das, was Ihr Unterbewusstes als Wahrheit erkennt.

- Ihr Unterbewusstes arbeitet deduktiv und funktioniert nach dem Gesetz des Glaubens, verbunden mit einer Relevanzgewichtung. Es filtert und sortiert nach Relevanz, die Schlussfolgerungen und Entscheidungen werden dann vom Unterbewussten bestimmt.

- Gewohnheiten sind Folgen von unterbewussten Verankerungen. Der Mensch ist, was er denkt. Wichtig ist die emotionale Bedeutung (erhöhte Relevanz) für den Erfolg, dann steuert das Unterbewusste wie ein Navigationssystem dorthin.

- Ihre unterbewussten Überzeugungen und Glaubenssätze steuern und kontrollieren alle Ihre bewussten Handlungen. Alles, was man innerlich glaubt, wird vom Unterbewussten akzeptiert. Was man für wahr hält, wird wahr, auch die gefährlichen Lügen.

- Der Lernprozess des Unterbewussten funktioniert durch Wiederholung, dann Glauben und letztendlich Erwartung. Das, was man unterbewusst lernt, z.B. als kleines Kind, fällt immer leicht und macht keine Arbeit. Es macht dabei keinen Unterschied, ob der Lernprozess durch eine reale oder eine vorgestellte Wiederholung abläuft.

- Wer seinem Unterbewussten ein Problem zur Lösung anvertraut und dies in der festen Überzeugung tut, dass eine Antwort als Lösung folgt. wird genau dies erleben. Lernen Sie, loszulassen und zu entspannen und auf die Kraft ihres Unterbewussten zu vertrauen.

- Furcht und Anspannung sind kontraproduktiv für Ihr Unterbewusstes, denn dann erkennen Sie die Antwort nicht. Außerdem führen Ängste, "falscher" Glaube und negative Muster (Zeitung, TV, Radio) zu leidvollen Erfahrungen.

- Es gibt spirituelle Gesetze, z.B. Actio = Reactio, die immer gelten, also auch für Ihr Unterbewusstes. Das, was Sie denken und fühlen, wird sich manifestieren und geschehen. Jeder entscheidet selbst, wie er lebt bzw. welche Umstände ihn umgeben. Daraus resultiert die eigene Verantwortung.

- Erkennen Sie das Geheimnis des Lebens und nutzen Sie Ihr Unterbewusstes auf eine zielführende Weise, nämlich um Ihr Ziel zu erreichen.

11.4. Warum das Unterbewusste kein „Nein" versteht

Ein ganz wichtiger Punkt, der oftmals übersehen wird: Das Unterbewusste "denkt" in Bildern und Gefühlen und versteht deshalb keine Verneinung. Es wird sich immer mit dem Thema beschäftigen, das man ihm „anbietet". Das Unterbewusste "denkt" in Bildern und Gefühlen. Wenn Sie z.B. ein Bild mit einem Hund sehen, können Sie sich nicht selbst "verbieten", den Hund nicht zu sehen oder gesehen zu haben. Vergleichbar ist dies mit einer Aufforderung wie:

- „Rechnen Sie jetzt bitte nicht 2 + 2 = 4 nach."

zu erfüllen. Sie werden immer automatisch diese Rechenaufgabe im Kopf nachrechnen, zumindest wenn die Aufgabe für Sie nachvollziehbar ist. Noch mehr würden Sie über diese Aufgabe nachsinnen, wenn sie wie folgt lauten würde:

- „Rechnen Sie jetzt bitte nicht 2 + 2 = 5 nach."

Denn in diesem Fall würden Sie unterbewusst sofort rebellieren und den Hintersinn dieser Aufgabe eruieren wollen. Dies ist u.a. ein Geheimnis von erfolgreicher Werbung.
Würde die Frage jedoch lauten:

- „此何遽不為福乎?"

dann würde sich Ihr Unterbewusstes damit nicht belasten, da die chinesischen Schriftzeichen für Sie keine Relevanz haben (zumindest für die meisten Leser dieses Buches).

Dieser wichtige Punkt wird zu häufig übersehen oder zu wenig beachtet. Wenn Sie etwas „wollen", dürfen Sie also nicht darüber nachdenken, was Sie „nicht wollen", z.B.

- „Ich will keinen Stress!"

oder

- „Ich will nicht gemobbt werden!"

denn in diesen Fällen werden Sie genau das in Ihr Leben ziehen, was Sie gerade nicht wollen, nämlich Stress und Mobbing, da Ihr Unterbewusstes genau mit diesen Themen „gefüttert", also beauftragt wird.

11.5. Kann man das Unbewusste programmieren?

Die Frage müsste eher lauten:

➢ „Kann man das Unterbewusste nicht programmieren?"

Tatsächlich ist es nämlich gar nicht möglich, das Unterbewusste „nicht" zu beeinflussen. Alles, was Sie denken, fühlen und erleben, findet unweigerlich den Weg in Ihr Unterbewusstes. Und zwar alles ohne Ausnahme. Es gibt keine Möglichkeit, bewusst zu leben, ohne das Unterbewusste automatisch mit zu „füllen".

Bereits seit Ihrer Zeugung (bzw. sogar davor aus früheren Inkarnationen) wird Ihr Unterbewusstes mit Informationen „gefüttert". Die Frage darf also nicht lauten, ob man das Unterbewusste programmieren kann, sondern viel mehr, in welcher Form dies ggfs. gesteuert möglich ist. Darauf gehe ich in den nächsten Kapiteln näher ein.

11.6. Ihr Bewusstsein ist dumm

Diese Kapitelüberschrift ist ziemlich provokant, oder? Ihr Bewusstsein ist dumm? Keine Sorge, das ist nicht persönlich gemeint, mein Bewusstsein ist auch dumm. Allerdings meine ich mit "dumm" nicht unintelligent, sondern lediglich "nicht so leistungsfähig" wie das Unterbewusste.

Während das Unterbewusste praktisch alles "aufzeichnet" und abspeichert, was sie jemals sehen, hören, riechen, schmecken und fühlen, also wie ein Hochleistungsquantencomputer zu funktionieren scheint, ist das Bewusstsein in seinen Möglichkeiten ziemlich beschränkt.

Sie können einen Film sehen, den Ton hören, vielleicht auch noch etwas riechen und schmecken, aber dies in sehr beschränktem Umfang. Starten wir einen Versuch.

Denken Sie bitte jetzt gleichzeitig an die Farbe "Rot" und die Ziffer "9". Gleichzeitig bitte.

Ich weiß, dass Sie das nicht können. Sie können alternierend an die Farbe "Rot" und die Ziffer "9" denken, aber niemals gleichzeitig. Immer nur Rot - 9 - Rot - 9 - Rot - 9 usw. Ihr Bewusstsein funktioniert wie ein Computer auf der untersten Rechenebene, wobei ein PC auf der untersten Ebene nur die Ziffern "0" und "1" kennt und Kombinationen dieser beiden Ziffern.

Der große Vorteil dieser Erkenntnis ist, dass Sie somit wissen, dass Sie immer nur genau einen Gedanken denken können. Diese scheinbare "Beschränktheit" können wir uns zu Nutze machen. Es ist ein unglaubliches "Glück", dass wir immer nur einen einzigen Gedanken gleichzeitig denken können.

11.7. Der große Vorteil unserer Beschränktheit

Haben Sie eine Idee, welches der große Vorteil sein könnte, der sich aus unserer scheinbaren "Beschränktheit", nur einen Gedanken gleichzeitig bewusst denken zu können, ergibt?

Hatten Sie schon mal schlaflose Nächte, in denen Sie sich von links nach rechts gedreht haben. Ihre Gedanken kreisten, Sie konnten nicht klar denken, alles war irgendwie chaotisch, belastend, Sie hatten Angst oder Schlimmeres, womöglich näherten Sie sich einer Depression oder waren schon mittendrin.

Wenn Ihre Gedanken von einem Thema zum nächsten wechselten, eine Angst die nächste ablöste und eventuell Sorgen über Sorgen einen tiefen Schlaf unmöglich machten, dann erkennen Sie, dass Sie auch hierbei niemals zwei Gedanken gleichzeitig denken und womöglich eine Lösung erreichen oder zumindest eine Lösungsperspektive erhalten konnten. Sie grübelten über Punkt A, dann über Punkt B, dann über Punkt C und dann zurück zu A.

Ich verrate Ihnen wahrscheinlich nichts Neues, wenn ich Ihnen erkläre, dass Ihr Bewusstsein so lange grübeln und an einem Lösungsversuch arbeiten kann, wie Sie wollen, es wird nicht klappen. Ihr Bewusstsein ist viel zu langsam und zu beschränkt in seiner Performance. Ihr Unterbewusstes ist demgegenüber extrem viel schneller und effektiver, ein Problem zu erkennen, zu analysieren und zu lösen.

Was folgt daraus? Zwei Dinge ...

- Zum einen empfehle ich Ihnen, Ihre Probleme auf keinen Fall mit Ihrem Bewusstsein zu bearbeiten und lösen zu wollen. Das wird nicht zum gewünschten Erfolg führen "können". Stattdessen ist es sehr viel erfolgversprechender, Ihre Probleme Ihrem Unterbewussten "anzuvertrauen" und zur Lösung zu übergeben. Wie dies geht, erkläre ich im späteren Verlauf dieses Buches.

➢ Zum zweiten, und das erscheint mir geradezu phantastisch, weil es so banal klingt, empfehle ich Ihnen, ausschließlich an etwas Positives zu denken. Unentwegt. Immer nur den einen Gedanken, der alles ins Lot bringt und Ihre Seelenpein nicht nur zu reduzieren, sondern komplett aufzulösen vermag.

Ich möchte Ihnen noch einen guten Tipp geben, wenn Ihre Gedanken z.B. während der Nacht kreisen und kreisen und kreisen. Stehen Sie auf, setzen Sie sich an Ihren PC und schreiben Sie alles auf, was Ihnen einfällt. Jeder Gedanke, der in irgendeiner Form zu "Ihrem Problem" passt, wird notiert. Wirklich alles, was Ihnen einfällt.

Der große Vorteil von "meiner" Methode ist, dass Sie über diesen Weg alles, was in Ihrem Kopf gekreist ist, "abgearbeitet" haben. Übergeben Sie anschließend das Geschriebene an Ihr Unterbewusstes oder an das Universum und "beauftragen" Sie eine Klärung und Lösung. Ihr Bewusstsein "weiß" dann, dass es nichts mehr tun "kann" und "muss", Sie werden viel besser einschlafen können.

Sollten danach noch weitere Gedanken ein Einschlafen behindern, dann haben Sie noch nicht alles aufgeschrieben, was Sie "belastet" hat. Also wieder raus aus dem Bett und weiterschreiben. Und zwar so lange, bis Sie alles, was Ihnen auf dem Herzen liegt, notiert und zur Lösung und Klärung an

Ihr Unterbewusstes oder an das Universum abgegeben haben. Sie werden überrascht sein, was die Folge sein wird.

11.8. Danke - Danke - Danke

Wenn Sie inzwischen, so wie ich, zu der Auffassung gelangt sind, dass man wirklich alles unter mehreren Perspektiven betrachten und sowohl positiv, als auch negativ bewerten kann, dann lassen Sie uns bitte annehmen, dass absolut jede Erfahrung auch einen positiven Aspekt beinhalten kann, den man womöglich in der jeweils aktuellen Situation nicht unbedingt erkennt.

Wie oft haben Sie es aber erlebt, dass sich ein unglaublich schwerwiegendes Problem einfach in Luft aufgelöst hat oder eine im ersten Moment ganz offensichtlich negative Erfahrung später zu einem Aha-Erlebnis geführt hat, das Sie weitergebracht hat und sich womöglich als Ihr großes Glück herausgestellt hat?

Ich möchte an dieser Stelle eine alte chinesische Geschichte wiedergeben, die auch schon im Buch "Reframingcoaching - Unterbewusstes bewusst auflösen" Platz gefunden hat.

> Glück und Unglück erzeugen sich gegenseitig und es ist schwierig ihren Wechsel vorauszusehen.
>
> Ein rechtschaffener Mann lebte nahe der Grenze. Ohne Grund entlief ihm (eines Tages) sein Pferd auf das Gebiet der Barbaren. Alle (Leute) bedauerten ihn.

> Sein Vater (aber) sprach (zu ihm): „Wer weiß, ob das nicht Glück bringt?"
>
> Mehrere Monate später kam sein Pferd zurück mit einer Gruppe (guter, edler) Barbarenpferde. Alle (Leute) beglückwünschten ihn. Sein Vater (aber) sprach (zu ihm): „Wer weiß, ob das nicht Unglück bringt?"
>
> Ein reiches Haus hat gute Pferde und der Sohn stieg mit Freuden auf (liebte das Reiten). Dabei fiel er und brach sich ein Bein. Alle (Leute) bedauerten ihn. Sein Vater (aber) sprach (zu ihm): „Wer weiß, ob das nicht Glück bringt?"
>
> Ein Jahr später fielen die Barbaren über die Grenze ein. Die erwachsenen Männer bespannten ihre Bögen und zogen in den Kampf. Neun von zehn Grenzbewohnern wurden dabei getötet, mit Ausnahme des Sohnes wegen seines gebrochenen Beins. Vater und Sohn waren geschützt (überlebten beide).
>
> Daher: Unglück kann Glück und Glück kann Unglück bewirken. Dieses passiert ohne Ende und niemand kann es abschätzen.

Was ich mit dieser Geschichte verdeutlichen möchte, ist, dass jede Situation in der Zukunft sowohl positive, als auch negative Aspekte zeigen kann. Es ist für die Beteiligten in der Situation nicht möglich, zu wissen, ob eine Erfahrung Jahre später rückblickend als positiv oder negativ wahrgenommen wird.

Warum kann man dann nicht für absolut alles, was man erlebt, "Danke" sagen, weil man einfach davon ausgeht, dass schon alles seinen Sinn haben wird. Ganz nach dem Motto von Oscar Wilde:

➢ Am Ende ist alles gut. Und wenn es noch nicht gut ist, dann ist es nicht das Ende.

Darum empfehle ich Ihnen an dieser Stelle, ab sofort Ihr Denken dahingehend neu auszurichten, dass Sie sich für alles bedanken, was Ihnen widerfährt, denn absolut nichts ist selbstverständlich oder muss sich letztendlich als negativ herausstellen. Ein paar Anregungen:

- "Vielen Dank, dass ich heute morgen aufgewacht bin und leben darf ..."
- "Vielen Dank, dass ich ein Bett in meiner Wohnung und ein Dach über dem Kopf habe und nicht auf der Straße leben muss ..."
- "Vielen Dank, dass ich die Möglichkeit habe, mich am Morgen zu waschen und mir die Zähne zu putzen ..."
- "Vielen Dank, dass ich immer etwas zu essen und ein gutes Auskommen habe ..."
- "Vielen Dank, dass ich bemerke, dass die Vögel zwitschern und die Sonne scheint ..."

- "Vielen Dank, dass ich einen Job habe, der mir die Möglichkeit bietet, mein Einkommen selbst zu verdienen ..."
- "Vielen Dank, dass ich genug Geld habe, mir all das leisten zu können, was ich brauche ..."
- "Vielen Dank, dass ich einen Parkplatz direkt vor dem Kaufhaus gefunden habe ..."
- "Vielen Dank, dass ich im Stau stehen darf, denn es könnte sein, dass ich dadurch einen Unfall vermeide."
- "Vielen Dank, dass mich der Sitznachbar anpöbelt, denn vielleicht geht es ihm dadurch besser und er lässt von hilflosen Menschen ab."
- "Vielen Dank, dass es regnet und ich ohne Regenschirm pitschnass werde, denn vielleicht hilft mir gerade diese Nässe, mein Immunsystem zu stärken."
- "Vielen Dank, dass meine Waschmaschine kaputtgegangen ist, als ich zuhause war, denn vielleicht wäre ansonsten noch etwas Schlimmeres passiert."
- "Vielen Dank, dass ich meine Arbeitsstelle verloren habe und nun vom Arbeitslosengeld leben muss, denn so habe ich die Chance, noch etwas Besseres zu finden."

- "Vielen Dank, dass ich als Kind zur Adoption freigegeben wurde, denn vielleicht habe ich dadurch Erfahrungen sammeln dürfen, die mir ansonsten verwehrt geblieben wären."

Diese Liste ist beliebig ergänzbar. Sie halten dies für übertrieben? Soll man sich wirklich für alles bedanken? Ein klares Ja. Nichts, absolut nichts, ist selbstverständlich. Alles, was Sie sehen und erleben, ziehen Sie durch Ihr Denken in Ihr Leben. Was spricht also dagegen, das zu verstärken, was Ihnen gut gefällt? Was spricht folgerichtig dagegen, sich für all das zu bedanken, was Sie gerne weiterhin in Ihrem Leben manifestieren möchten? Was spricht dagegen, in allem, was Ihnen widerfährt, auch eine positive Erfahrung sehen zu können?

Meine einfachen Gegenfragen lauten: Kennen Sie einen besseren Weg, sich auf das zu fokussieren, was positiv in Ihrem Leben ist? Kennen Sie eine einfachere Möglichkeit, sich alles Gute und Positive in Ihrem Leben bewusst zu machen? Kennen Sie eine angenehmere Umprogrammierung Ihres Denkens, als bewusst möglichst nur noch das Gute im Leben zu erkennen und erst einmal eine positive Erwartung zuzulassen?

Darum lautet meine nachdrückliche Empfehlung:

➢ Bedanken Sie sich so oft Sie nur können für alles, was Ihnen positiv erscheint. Es gibt kein Zuviel an Danke.

11.9. Soll man auch für Negatives danken?

Nochmal: Woher wissen Sie, dass irgendetwas in Ihrem Leben negativ ist? Wie können Sie dies in der konkreten Situation beurteilen? Bewerten Sie nicht in Wirklichkeit nur das Gefühl, das Sie in der jeweiligen Situation empfinden? Sind es nicht tatsächlich nur subjektive Gedanken, die mit dieser Situation verknüpft sind?

Ist es Ihnen schon mal passiert, dass Sie etwas als sehr unangenehm und negativ empfunden haben, aber genau diese Situation sich später Ihr großes Glück erwiesen hat? Ich kann solche Situationen für mich hundertfach aufführen.

Darum stelle ich die folgende provokante These auf:

- Nichts, aber auch absolut nichts, was Sie jemals erlebt haben, kann im Nachhinein als rein negativ festgehalten werden.

Nun höre ich spontane Einsprüche. Was ist mit überlebenden Kriegsopfern? Was mit vergewaltigten Frauen? Was mit Kindern, die ihre Eltern verloren haben. Und so weiter ...

Nach meiner Erfahrung mit Coachings und Therapien kann man sämtliche Erlebnisse immer auch unter einem anderen Blickwinkel betrachten. Kriegsopfer haben überlebt und Ihr Leben wieder in die Hand nehmen können, oder? Gleiches gilt für vergewaltigte Frauen und ausgesetzte Waisenkinder. Egal, was man irgendwann mal erleben "musste", es gibt nach meiner Erfahrung immer, und ich meine wirklich immer, eine andere Betrachtungsmöglichkeit.

Und was ist mit Menschen, die z.B. bei einem Unfall gestorben sind oder ermordet wurden oder mit Behinderungen weiterleben müssen? Kann man solche Schicksalsschläge auch aus einem anderen Blickwinkel positiv betrachten?

Bei Todesopfern kann man zu Recht davon sprechen, dass eine positive Betrachtungsweise in der jetzigen Inkarnation schwierig erscheint. Dies aber nur, wenn man davon ausgeht, dass wir "durch Zufall" einmalig auf der Erde leben und es weder eine unsterbliche Seele, noch eine wiederkehrende Inkarnation gibt. Ist man jedoch - so wie ich - absolut sicher, dass man als Seele existiert und der Körper nur der aktuell verfügbare "Bio-Anzug" in einer von vielen Inkarnationen ist, dann ist der Tod lediglich ein Übergang zu einer neuen Geburt. Das Leben selbst ist unsterblich, nur der "Bio-Anzug" wird getauscht.

Mit dieser Blickweise wird man selbst die schlimmsten Erfahrungen, wie einige Absätze zuvor geschildert, zwar subjektiv in der jeweiligen Situation als negativ ansehen, sie sind aber im Gesamtkontext trotzdem immer auch positiv zu betrachten.

Mir ist völlig klar, dass diese Betrachtungsweise nicht für jeden Leser nachvollziehbar sein wird, insbesondere wenn man entweder Atheist ist oder das Thema Reinkarnation für ein "Hirngespinst" erachtet. Ich darf Ihnen aber versichern, dass man dieser Auffassung näherkommt, je mehr man sich mit diesen Themen befasst.

Ich selbst habe als Jugendlicher und auch zu Beginn meines ersten Studienfaches Physik ein anderes Weltbild vertreten, aber im Laufe der letzten 30-35 Jahre habe ich so viel gelesen, erlebt und gelernt, dass sich die Überzeugung, dass wir als Seelenwesen unsterblich sind und lediglich wiederkehrend inkarnieren, fest in mir verankert hat.

Und genau vor diesem Hintergrund bin ich fest davon überzeugt, dass man in der jeweils ggfs. als negativ empfundenen Situation nicht beurteilen kann, ob nicht genau dieses Erlebnis sehr positive Auswirkungen und Folgen hat. Und darum habe ich gelernt und empfehle auch Ihnen, für alles dankbar zu sein, was das Leben so bringt.

Sagen Sie DANKE, jederzeit und für alles. Ununterbrochen, so oft es geht.

12. Die 66 Siegersystem-Schritte

Ich möchte an dieser Stelle die 66 Schritte des Siegersystems nicht im Detail erläutern. Dafür empfehle ich stattdessen das Lesen von Band 2 "Siegersystem - Gewinnen ist Bauchsache". Aber allein die einzelnen Schritte aufzuführen, kann, so meine ich, hilfreich sein, das dahinterliegende Gedankengerüst zu verstehen, das Ihnen helfen kann, das in Ihr Leben zu ziehen, was Sie "wollen" und zu erkennen, dass Sie für alles, wirklich alles, dankbar sein können.

12.1. Die 66 Schritte in Stichworten

1. Denken Sie selbst
2. Eigene Verantwortung erkennen und leben
3. Weisheit des „Papa"
4. Erkennen Sie Ihre Berufung und folgen Sie Ihrem Lebensweg
5. Relevanz-Pyramide
6. Entscheiden Sie sich
7. Körperreisen
8. Aktivieren Sie Ihre Zirbeldrüse
9. Denkmuster erkennen und positiv ausrichten
10. Mangelbewusstsein erkennen und umlernen
11. Selbstvertrauen und Selbstliebe zulassen
12. Erkennen und Umformulieren von Glaubenssätzen
13. Ego erkennen und hinterfragen
14. Bleiben Sie ruhig und entspannt
15. Sprechen Sie demütig und bescheiden
16. Bitten Sie um Entschuldigung
17. Angst erkennen und substituieren
18. Ordnen Sie Ihre Sterne neu
19. Seien Sie bereit für Ihre Entwicklung
20. Denken Sie positive Charaktereigenschaften
21. Gedankenhygiene
22. Kritik positiv annehmen und dankbar sein. Immer.
23. Akzeptieren Sie Ihre „Fehler"
24. Bereuen Sie nichts
25. Vergessen Sie das „Warum"
26. Erwarten Sie nichts
27. Bewerten Sie nicht
28. Behandeln Sie jeden und alles mit Respekt

29. Wertschätzen Sie jeden und alles
30. Vermeiden Sie Negatives und Bedenkenträger
31. Fokussieren Sie sich positiv und zielorientiert
32. Denken und sprechen Sie nur positiv über Dritte
33. Verzeihen Sie alles und jedem
34. Verhalten Sie sich Mut machend und aufbauend
35. Begeistern und loben Sie
36. Gönnen Sie jedem alles Beste
37. Tun Sie Gutes und seien Sie gütig und großzügig
38. Freuen Sie sich ... immer ... über alles
39. Kommunizieren Sie mit Menschen
40. Seien Sie authentisch
41. Schauen Sie den Menschen in die Augen
42. Lächeln Sie
43. Seien Sie offen für Neues und Unbekanntes
44. Erkennen Sie Schönheit
45. Verstärken Sie Ihr Glück durch Ihr Denken
46. Geist-Körper-Programmierung
47. Begeben Sie sich in Ihre Ziel-Resonanzfelder
48. Vertrauen beobachten, pflegen und stärken
49. Glauben und Wunder zulassen
50. Vertrauen Sie Ihrer Intuition
51. Stehen Sie für Ihre Überzeugungen ein
52. Lernen durch Wiederholung
53. Danken lernen
54. Autopilot aktivieren
55. Positive Affirmationen
56. Visualisierungsübungen
57. Lassen Sie Ihre Energie fließen
58. Suchen Sie die Stille zur Meditation
59. Einschlaf- und Aufwachphasen nutzen

60. Lenken Sie Ihre Träume
61. Belastende und unnütze Nachrichten meiden
62. Hypnose zielführend nutzen
63. Nutzen Sie technische Hilfsmittel
64. Lassen Sie los
65. Das Leben annehmen und genießen. Jetzt.
66. Das große Schweigen

Eventuell ist nicht sofort nachvollziehbar, was mit jeder einzelnen Überschrift gemeint ist bzw. was dahintersteckt, aber eine Idee werden Sie haben. Ich halte die Erläuterungen hierzu wirklich für lesenswert und lege Ihnen deshalb nochmals Band II zu "Siegersystem - Gewinnen ist Bauchsache" ans Herz.

12.2. Du bist, was Du denkst ...

➢ ... also denke doch, was Du willst!

Das ist die zentrale Aussage des Siegersystems. Dieser Kernsatz passt auch wunderbar zum Konzept "Das wichtigste Wort zum gesund und glücklich sein: DANKE!"

Wenn wir, wie wir bisher hergeleitet haben, durch unser Denken, Fühlen und Glauben selbst für unsere Realität verantwortlich sind und wir uns darüber hinaus für alles bedanken können, was wir erleben, weil wir zum jeweiligen Zeitpunkt nicht wissen können, welchen Sinn und welche positiven Aspekte mit einer Erfahrung verbunden sind, dann ist es nach meiner Einschätzung extrem sinnvoll, uns dahingehend zu disziplinieren, dass wir nur noch das denken, was wir wollen und wirklich für alles Danke sagen, um positive Körperreaktionen zu manifestieren, anstatt uns mit Stress und den daraus folgenden Stresssymptomen zu belasten. Und damit kommen wir zum Thema "Stress und Cortisol".

13. Stress und Cortisol

13.1. Was ist Stress?

Die halbe Welt spricht über Stress. Man müsste meinen, dass somit alle Menschen wissen, was Stress ist. Ist dem so?

Wenn ich z.B. jemandem erzähle, wie mein typisches Tagespensum aussieht, dann höre ich, dass ich einen unglaublichen Stress hätte und wie ich das überhaupt bewältigen würde? Tatsächlich könnte kaum etwas weiter von der Wirklichkeit meines Empfindens entfernt sein. Dies zeigt schon, dass Stress offenbar höchst subjektiv wahrgenommen wird. Was ist Stress allgemein? Woher kommt dieser Begriff?

> Stress (engl. für ‚Druck, Anspannung'; lat. stringere ‚anspannen') bezeichnet zum einen durch spezifische äußere Reize (Stressoren) hervorgerufene psychische und physische Reaktionen bei Lebewesen, die zur Bewältigung besonderer Anforderungen befähigen, und zum anderen die dadurch entstehende körperliche und geistige Belastung.
>
> Das Auftreten von Stress bedarf einer sinnlichen Wahrnehmung des Stress-auslösenden Reizes, sowie einer nervlichen Weiterleitung eines solchen Reizes an eine reizverarbeitende Region des Körpers. Begleiterscheinung auf biochemischer Ebene ist dabei meist die Ausschüttung von Stresshormonen und anderen Sekreten aus Drüsen.[9]

Im letzten Absatz wird auf die Ausschüttung von Stresshormonen hingewiesen. Also fragen wir uns, was es damit auf sich hat.

Beginnen wir damit, zu klären, wie der Mensch Stress wahrnimmt:

> Unter Stress versteht man die Beanspruchung (Auswirkung der Belastungen) des Menschen durch innere und äußere Reize oder Belastungen (objektive, auf den Menschen einwirkende Faktoren sowie deren Größen und Zeiträume). Diese können sowohl künstlich als auch natürlich, sowohl biotisch als auch abiotisch sein,

[9] https://de.wikipedia.org/wiki/Stress

> sowohl auf den Körper als auch die Psyche des Menschen einwirken und letztlich als positiv oder negativ empfunden werden oder sich auswirken.
>
> Als „positiver Stress" bzw. Eustress (Die griechische Vorsilbe εὖ (eu) bedeutet „wohl, gut, richtig, leicht") werden diejenigen Stressoren bezeichnet, die den Organismus zwar beanspruchen, sich aber positiv auswirken. Positiver Stress erhöht die Aufmerksamkeit und fördert die maximale Leistungsfähigkeit des Körpers, ohne ihm zu schaden.
>
> Stress wird erst dann negativ empfunden, wenn er häufig oder dauerhaft auftritt und körperlich und/oder psychisch nicht kompensiert werden kann und deshalb als unangenehm, bedrohlich oder überfordernd gewertet wird. Insbesondere können negative Auswirkungen auftreten, wenn die individuelle Person (auch durch ihre Interpretation der Reize) keine Möglichkeit zur Bewältigung der Situation sieht oder hat..[10]

Jetzt wissen wir, was man allgemein unter Stress versteht und insbesondere unter Stress beim Menschen, wobei es sowohl positiven, wie auch negativen Stress zu geben scheint. Kommen wir nun zum zweiten Teil des Kapitels, nämlich der Betrachtung von Stresshormonen.

> Stresshormone sind biochemische Botenstoffe, die Anpassungsreaktionen des Körpers bei besonderen

---

[10] https://de.wikipedia.org/wiki/Stress#Stress_beim_Menschen

> Belastungen bewirken. Zu ihnen gehören die Katecholamine und die Glukokortikoide, die beide in der Nebenniere gebildet werden. Die eigentliche Funktion der Stresshormone ist das Freisetzen der Energiereserven des Körpers als Vorbereitung auf eine bevorstehende Flucht oder einen Kampf – beides sind unmittelbare Reaktionen auf eine Stress-Situation.[11]

Wichtig ist, dass wir im Hinterkopf behalten, dass es negativen Stress gibt, der zur Ausschüttung verschiedener Stresshormone führt, z.B. Cortisol, Adrenalin und Noradrenalin, wie wiederum zu körperlichen Auswirkungen führen, die der Mensch, zumindest überwiegend, als belastend ansieht und z.T. mit Überforderung gleichsetzt.

Im Umkehrschluss bedeutet dies, dass die körperlichen Auswirkungen der Stresshormone minimiert oder sogar komplett vermeidbar sind, wenn man eine Situation nicht als belastend oder sogar als Überforderung wahrnimmt, z.B. die unterbewusste Vorbereitung auf eine Flucht in einer gefühlt existenziell bedrohlichen Konstellation oder die Angst vor Kontrollverlust, wenn man sich einer Herausforderung, z.B. im Beruf, nicht gewachsen fühlt.

Das Fazit daraus lautet, dass wir es selbst in der Hand haben, ob unser Körper Stresshormone ausschüttet und wir als Folge dieser Stresshormone einen rasenden Puls, Bluthochdruck, Schweißausbrüche usw. an uns wahrnehmen "müssen". Es "muss" uns nur gelingen, die jeweilige Situation als

11 https://de.wikipedia.org/wiki/Stresshormone

positiv, entspannend und zielführend zu denken und zu fühlen.

13.2. Leichter gesagt, als getan

Nun wird mir wahrscheinlich jeder Recht geben, wenn ich sage, dass es alles andere als einfach und sofort umsetzbar ist, eine als hochgradig stressig empfundene Situation, z.B. in Verbindung mit einer beruflichen Überforderung oder im Zusammenhang mit Mobbing oder auch Existenzängste, als positiv und angenehm zu empfinden und womöglich sogar dankbar hierfür zu sein. Ich gebe allen absolut Recht,

Wissen Sie, worauf diese Schwierigkeit insbesondere zurückzuführen ist? Auf unterbewusste Programmierungen, die Sie z.T. aus vorherigen Inkarnationen "mitgebracht" haben und z.T. auf Erfahrungen in Ihrem jetzigen Leben, die Sie steuern und ohne bewusstes Eingreifen reagieren lassen. Darum ist das nächste Kapitel von besonderer Bedeutung: Angst und Vertrauen.

14. Angst und Vertrauen

14.1. Was ist Angst?

Fangen wir dieses Kapitel damit an, erst einmal zu verstehen, was Angst überhaupt ist und wo sie herkommt.

> Angst ist ein Grundgefühl, das sich in als bedrohlich empfundenen Situationen als Besorgnis und unlustbetonte Erregung äußert. Auslöser können dabei erwartete Bedrohungen, etwa der körperlichen Unversehrtheit, der Selbstachtung oder des Selbstbildes sein. Krankhaft übersteigerte Angst wird als Angststörung bezeichnet.

> Angst lässt sich nicht grundsätzlich als unangenehme, negative Gefühlsregung festlegen. Wesentlich abhängig vom Grad der individuellen Risikoerfahrung und der persönlichen Kompetenzeinschätzung, kann Angst auch als in hohem Maße lustvolle Erfahrung gesucht und erlebt werden, etwa in Form des Thrills. Die Kontrasterfahrung von aufregender Gefahrensituation und deren Bewältigung führt zu einer gewünschten Steigerung des Lebensgefühls. Der sogenannte Kick kann dabei als (erwarteter) Wendepunkt zwischen der Anspannung und Befreiung aus der Angstphase gesehen werden.[12]

Nun wissen wir zumindest, was man wissenschaftlich unter Angst versteht. Fragen wir uns deshalb nun, ob Angst etwas "Schlimmes" ist, was uns lediglich einschränkt und daran hindert, positiv zu leben?

14.2. Ist Angst etwas Schlimmes?

Diese Frage kann man mit einem eindeutigen Nein beantworten. Ganz im Gegenteil war und ist Angst überlebensnotwendig.

> Evolutionsgeschichtlich hat die Angst eine wichtige Funktion als ein die Sinne schärfender und Körperkraft aktivierender Schutz- und Überlebensmechanismus,

[12] https://de.wikipedia.org/wiki/Angst

> der in tatsächlichen oder auch nur vermeintlichen Gefahrensituationen ein angemessenes Verhalten (Fight-or-Flight) einleitet.
>
> Da der Energieaufwand für eine Flucht gering ist (wenige hundert Kilokalorien), übersehene Bedrohungen aber folgenschwere Auswirkungen nach sich ziehen können, ist die „Alarmanlage" Angst von der Natur sehr empfindlich eingestellt, was bisweilen in Fehlalarmen resultiert.[13]

Sie können also ganz beruhigt sein. Alle Menschen hatten und haben Angst, zumindest fast alle. Es gab auch Menschen, die völlig angstfrei waren. Warum das so sein konnte, erkläre ich im Kapitel "Glaube und ICH BIN". Sie befinden sich also mit Ihren kleinen und großen Ängsten in absolut guter Gesellschaft.

Ist es für Sie nun möglich, Ihre unterbewussten Ängste in den Griff zu bekommen und positiv auf alles zu reagieren, was Ihnen bisher noch Stress bereitet und Angst macht? Ein Klares Ja, Sie können sehr viel tun, und ich zeige Ihnen, wie ...

14.3. Was ist das Gegenteil von Angst?

Die meisten Menschen glauben, dass Mut das Gegenteil von Angst ist. Dem ist aber mitnichten der Fall. Um Mut beweisen zu können, muss man Angst haben und dann überwinden.

[13] https://de.wikipedia.org/wiki/Angst

Wenn man in einer konkreten Situation keine Angst hat, ist auch das Zeigen von Mut nicht möglich.

Sie haben wahrscheinlich keine Angst, in Ihrem Bett zu liegen und ein Buch zu lesen. Wie soll es Ihnen möglich sein, Mut zu demonstrieren, indem Sie sich in ein Bett lesen und ein Buch lesen? Diese Handlung erfordert von Ihnen keinen Mut.

Umgekehrt hätten Sie vielleicht Angst davor, ein Hochhaus über die Außenfassade zu erklimmen. Ich würde so etwas ganz sicher nicht tun, ich hätte viel zu viel Angst und viel zu wenig Mut, mich zu überwinden, etwas derart Abstruses zu tun. Wenn Sie aber vor so etwas Angst haben und es dennoch tun, haben Sie Mut bewiesen, auch wenn ich so etwas für völlig irre halten würde.

Was ist also das Gegenteil von Angst? Es ist Vertrauen. Wenn Sie in einer Situation absolutes Vertrauen haben, dann können Sie nicht gleichzeitig das Gefühl der Angst verspüren. Wovor sollten Sie Angst haben, wenn Sie unendliches Vertrauen haben? Auch hierzu ein Beispiel.

Sie sitzen bei "Wer wird Millionär?" bei der 1 Mio. € Frage. Die Frage lautet "Wofür erhielt Albert Einstein den Nobelpreis 1921, der ihm 1922 überreicht wurde?" Ich glaube, diese Frage war tatsächlich mal eine 1 Mio. € Frage bei Günther Jauch. Wenn Sie unendliches Vertrauen haben, weil Sie z.B. Physik studiert und sich mit dieser Frage während Ihres Studiums beschäftigt haben (ich denke da an mich), dann können Sie beim Geben der Antwort keine Angst verspüren, sondern nur ein positives Gefühl der Erleichterung. Die Antwort ist übrigens, dass Albert Einstein den Nobelpreis für seine Theorie zum "photoelektrischen Effekt" erhalten hat.

Vertrauen ist also der Schlüssel, den wir suchen und finden "müssen", um Stress und Angst hinter uns zu lassen. Wir kommen der Lösung also näher. Gehen wir auf diesem Weg weiter. Schön, dass Sie noch dabei sind und meinen Ausführungen "Ihre Augen" und "Ihre Zeit" schenken.

14.4. Wem können Sie vertrauen?

Fällt Ihnen "jemand" ein, dem Sie absolut vertrauen? An dieser Stelle höre ich häufig Antworten wie:

- Meiner Mutter
- Meinem Vater
- Meinem Mann
- Meiner Frau
- Meinem Sohn
- Meiner Tochter
- Meinem Großvater
- Meiner Großmutter
- Mein Freund ...
- Meiner Freundin ...

Spannend ist dabei die Reaktion, wenn ich frage:

- Und Dir/Ihnen selbst?

Erwischt. An sich selbst denken die Menschen häufig gar nicht, wenn es darum geht, wem sie absolut vertrauen.

Das gleiche gilt übrigens für die Frage:

- Wer ist der wichtigste Mensch in Deinem/Ihrem Leben?

Die Antworten denken sich überwiegend mit den Antworten der obigen Liste, wobei der Schwerpunkt häufig darauf liegt, dass die eigenen Kinder die wichtigsten Menschen sind.

Diese Einschätzung zeigt vor allem eine zu geringe Selbstliebe und ein "falsches" Verständnis von "Verantwortung". Ich gehe dabei davon aus, dass die allermeisten Menschen möchten, dass die eigenen Kinder gesund und glücklich sind und ihren Weg im Leben finden. Trotzdem ist keine Mutter und kein Vater verantwortlich für das Leben der Kinder. Jeder ist ganz allein nur für sich selbst verantwortlich.

Dieses Hervorheben der Bedeutung von Verantwortung für sich selbst heißt nicht, dass man als Elternteil nicht eine Verantwortung fühlt und auch zu recht fühlen sollte, wenn es um die eigenen Kinder geht, aber letztendlich gehen die Kinder irgendwann ihren eigenen Weg und die Aufgabe der Eltern ist es, die Kinder auf diesem Weg zu begleiten, sie liebevoll anzuleiten und ihnen die Chance zur Selbstverwirklichung und Finden des eigenen Wegs zu geben.

Eine 100%-ige Verantwortung übernimmt aber jeder für sich selbst, wenn er sich entschließt, in einem "Bio-Anzug" zu inkarnieren. Dann gilt es, einen spirituellen Weg zu gehen, sich als göttliches Wesen anzunehmen und über die Selbstliebe die Liebe zu allem zu finden und zu leben.

Für den einen oder anderen Leser mag dieser Schritt etwas zu spirituell sein, aber ich bin zutiefst davon überzeugt, dass es unsere Aufgabe ist, uns selbst als das zu erkennen und wahrzunehmen, was wir sind.

14.5. Spuren im Sand

Wem können wir also am allermeisten vertrauen? Hierzu ein Gedicht von Margaret Fishback Powers, das meine Schwägerin während der kirchlichen Trauung meiner Frau und mir vorgelesen hat und das uns seitdem "begleitet".

Aufgewachsen auf einem Bauernhof in Kanada, erlebte die deutschstämmige Margaret Fishback Powers zusammen mit fünf weiteren Geschwistern eine fröhliche und behütete Kindheit und Jugend. Eine Träumerin war sie, ein kleines Mädchen mit viel Phantasie, musikalisch sehr begabt und immer damit beschäftigt, ihre Gedanken in Reimen abzufassen.

Als Margaret Fishback Powers das Gedicht "Spuren im Sand" verfasste, war sie Anfang zwanzig, und die Monate davor waren alles andere als normal verlaufen. Schwer verletzt durch einen Blitzschlag musste sie für einige Zeit ihren

Beruf als Lehrerin aufgeben. Eine Liebesbeziehung zerbrach. Verzweifelt kehrte sie zurück zu ihren Eltern. Durch ihren Bruder lernte sie schließlich Paul Powers kennen und lieben.

An dem Tag, an dem Paul ihr einen Heiratsantrag machte, entstanden die "Spuren im Sand". Ohne es zu wissen, hat Margaret mit ihrem Gedicht Millionen von Menschen getröstet und ermutigt. Mehr als zwanzig Jahre später erlebte sie, wie die Verse auf Karten, Postern, Kaffeebechern und T-Shirts vermarktet wurden. Lange kämpfte sie vor Gericht für ihre Rechte, so lange, bis ihre Familie daran zu zerbrechen drohte. Irgendwann zog Margaret die Notbremse, war bereit, auf die juristische Auseinandersetzung zu verzichten.

Heute leben Paul und Margaret Fishback Powers in Coquitlam/Kanada. Das Ehepaar ist vollzeitlich in der christlichen Kinderarbeit engagiert.[14]

> Eines Nachts hatte ich einen Traum:
> Ich ging am Meer entlang mit meinem Herrn.
> Vor dem dunklen Nachthimmel
> erstrahlten, Streiflichtern gleich,
> Bilder aus meinem Leben.
> Und jedes Mal sah ich zwei Fußspuren im Sand,
> meine eigene und die meines Herrn.
>
> Als das letzte Bild an meinen Augen
> vorübergezogen war, blickte ich zurück.

14 https://brunnen-verlag.de/autor/159/Margaret%20Fishback%20Powers.html

Ich erschrak, als ich entdeckte,
dass an vielen Stellen meines Lebensweges
nur eine Spur zu sehen war.
Und das waren gerade die schwersten
Zeiten meines Lebens.

Besorgt fragte ich den Herrn:
Herr, als ich anfing, dir nachzufolgen,
da hast du mir versprochen,
auf allen Wegen bei mir zu sein.
Aber jetzt entdecke ich,
dass in den schwersten Zeiten meines Lebens
nur eine Spur im Sand zu sehen ist.
Warum hast du mich allein gelassen,
als ich dich am meisten brauchte?

Da antwortete er: Mein liebes Kind,
ich liebe dich und werde dich nie allein lassen,
erst recht nicht in Nöten und Schwierigkeiten.
Dort, wo du nur eine Spur gesehen hast,
da habe ich dich getragen.

Während ich das schreibe, sitze ich am PC mit Tränen in den Augen. Es ist so wahr, was Margaret Fishback Powers damals geschrieben hatte, und trotzdem ... Aus welchem Grund auch immer scheint es für die allermeisten Menschen unglaublich schwierig zu sein, zu vertrauen. Und zwar sowohl sich selbst, als auch dem Einen, der Quelle, dem Unfassbaren.

14.6. Warum ist es so schwierig zu vertrauen?

Warum fällt es uns Menschen so schwer, uns selbst zu vertrauen, uns selbst zu lieben, uns als den wichtigsten Menschen in unserem Leben anzunehmen, sowie auf das Eine, die Quelle, das Unfassbare, den Schöpfer zu 100% zu vertrauen.

Es geht mir dabei auf keinen Fall um ein "Darstellen" von Gläubigkeit, z.B. indem man in einer Kirche betet, es geht mir um das wahre innere Fühlen von Vertrauen.

Wenn ich gefragt werde, ob ich an Gott glaube, dann sage ich immer "Nein" und ernte damit häufig ein ungläubiges Kopfschütteln. Es ist vielmehr so, dass ich keinen Zweifel an Gott habe. Das geht weit über "glauben" hinaus. Trotzdem erwische auch ich mich manchmal dabei, Angst zu haben, also nicht genug zu vertrauen. Es ist also, davon bin ich überzeugt, normal, dass man auch mal zweifelt und sogar Angst hat.

Trotzdem, und das möchte ich sehr nachdrücklich deutlich machen, kann man sich immer wieder zurück ins Vertrauen "zurück programmieren". Wenn ich z.B. merke, dass ich nicht zu 100% im Gefühl des Vertrauens bin, beginne ich damit, mich an die vielen positiven Dinge zu erinnern, ich rufe mir alle kleinen Wunder ins Gedächtnis und sage "DANKE!".

14.7. Die gewollte Angst

Und dann wird mir u.a. auch immer wieder bewusst, dass es absolut gewollt ist, dass wir Menschen Angst haben und unser Vertrauen abnimmt und womöglich verlieren. Das hört sich recht provokant an, aber ich will erläutern, was ich damit meine.

Haben Sie schon mal von dem lateinischen Satz "Divide et impera!" gehört?

> Divide et impera (lateinisch für teile und herrsche) ist eine Redewendung (im lateinischen Imperativ); sie empfiehlt, eine zu besiegende oder zu beherrschende Gruppe (wie z.B. ein Volk) in Untergruppen mit einander widerstrebenden Interessen aufzuspalten. Dadurch soll erreicht werden, dass die Teilgruppen sich gegeneinander wenden, statt sich als Gruppe vereint gegen den gemeinsamen Feind zu stellen.
>
> In der Informationstechnologie ist diese Strategie auch als Teile-und-herrsche-Verfahren bekannt.
>
> Die Redewendung ist wahrscheinlich nicht antik, wenngleich die damit bezeichnete politische soziologische Strategie sehr alt und z.B. in der römischen Außenpolitik ohne Zweifel wiederzuerkennen ist.
>
> Johann Wolfgang von Goethe formulierte diese Maxime (in Sprichwörtlich, 1814) um und fügte einen Gegenvorschlag hinzu:

> „Entzwei und gebiete! Tüchtig Wort;
> Verein und leite! Bessrer Hort."[15]

Mir gefällt der Ansatz von Johann Wolfgang von Goethe sehr viel besser.

Dieses Konzept von "Teile und herrsche" finden wir in unserem Umfeld überall wieder. Es fällt mir kein Bereich ein, in welchem dieses Prinzip nicht verfolgt wird.

In der Politik gibt es Parteien, die die Menschen entzweien, also bin ich aus grundsätzlichen Erwägungen gegen ein Parteiensystem.

Bei den Religionen gibt es Alleinstellungsansprüche, egal ob vom Katholizismus oder vom Islam usw. Deshalb bin ich kein Freund von Religionen, denn sie teilen Menschen, anstatt sie alle zu vereinen.

In den Medien finden Sie tagtäglich Berichte über Morde, Einbrüche, Vergewaltigungen, Plünderungen, Unglücke u.v.m. Es werden jeden Tag Kriegsängste geschürt und Hassparolen gegen Andersdenkende gepredigt. Und zwar zwischen Ländern, Rassen, Ideologien, selbst innerhalb des Sports oder quer durch Sippen und Familien.

Besonders niederträchtig empfinde ich dabei die sogenannten "sozialen Medien", die für mich eher "asozial" genannt

---

15 https://de.wikipedia.org/wiki/Divide_et_impera

werden müssten. Wenn ein Promi ein Foto postet, das in irgendeiner Form nicht auf die Zustimmung von 100% aller Betrachter stößt, kann man sicher sein, dass sich viele, natürlich überwiegend anonym, darüber auslassen und womöglich sogar ein Shitstorm entbrennt. Wofür ist das gut, frage ich mich? Welchen Nutzen hat es, einen anderen Menschen unflätig zu beschimpfen, zu diffamieren und zu "verletzten"?

Das Geld- und Finanzsystem trägt ein gutes Stück dazu bei, dass die Teilung der Menschen voranschreitet. Dabei ist nicht das Geld an sich das Übel, denn Geld als Tausch- und Zahlungsmittel ist mehr als sinnvoll, sondern die Exponentialfunktion des Zinseszinssystems führt dazu, dass man immer mehr produzieren, den Mitbewerber übertrumpfen und das Gegenüber übervorteilen "muss". Ich habe dies ausführlich in meinem Buch "Geld - Historie, Probleme im Status quo und Lösungsansätze" hergeleitet und dargelegt.

Glauben Sie, dass vor diesem Hintergrund die Wahrscheinlichkeit groß ist, dass alle Menschen gut miteinander auskommen, sich gegenseitig respektieren und wertschätzen, sowie das Vertrauen ins sich selbst, zu anderen Menschen und das große Ganze wächst und nachhaltig positiv verankert bleibt?

Die positive Nachricht ist, dass Sie dies alles nicht mehr tangieren muss. Es kann Ihnen egal sein. Es gibt Möglichkeiten, dass Sie sich - zumindest weitgehend - aus diesen Fallstricken befreien und durch eine neue Lebensführung immer mehr ins Vertrauen kommen. Eventuell "müssen" Sie sich von liebgewonnenen Gewohnheiten lossagen, dafür versichere ich Ihnen, dass es sich für Sie lohnen wird. Wofür sollte ich ansonsten dieses Mutmach-Buch schreiben?

14.8. Angst vorm Scheitern?

Ich lade Sie nun ein, eine der meistverbreiteten Ängste ad acta zu legen, nämlich die Angst vorm Scheitern..

Ein Zitat von Franz Böck:

- "Das Klammern an Routinen ist die Angst vorm scheitern."

Und ein Satz von mir:

- "Um vorwärts zu kommen, muss man neuen Boden betreten."

Sowie eines meiner Lieblingszitate von Johann Wolfgang von Goethe:

- "Erfolg hat 3 Buchstaben: T U N"

Ich behaupte nämlich, dass man gar nicht scheitern "kann". Sie können zwar mit einer Idee wenig Erfolg haben, kein Geld damit verdienen oder auch Ihren Versuch einstellen "müssen", aber Sie können nicht scheitern. Sie lernen nämlich jedes Mal etwas dazu und können es nach jedem nicht ganz so ausgeprägten Erfolg besser machen.

Ein Beispiel: Kennen Sie Thomas Alva Edison, dem Erfinder der Glühbirne? Ist er in seinem Leben und bei der Verfolgung seiner Ideen gescheitert? Die Bedenkenträger in Ihrem Umfeld werden das womöglich bejahen, denn er hat 1.000x erfolglos versucht, eine Glühbirne zu konstruieren. Über 1.000 Fehlversuche. Er ist also 1.000-fach grandios gescheitert, oder?

Wenn man sich jedoch die Biographie von Thomas Alva Edison anschaut, wird man feststellen, dass er ein Genie war.

Thomas Alva Edison soll mal gesagt haben:

- "Genius is one per cent inspiration, ninety-nine per cent perspiration."
- "Genialität ist 1 Prozent Inspiration und 99 Prozent Transpiration"

Es kommt also gar nicht darauf an, ob Sie irgendetwas zu einem Erfolg führen, es kommt nur darauf an, dass Sie es versuchen. Ob es ein riesiger Erfolg wird, oder nicht, zeigt sich sowieso erst sehr viel später. Nicht selten kam er erst einige Jahrhunderte später, wie sich insbesondere in der Physik und in der Astronomie vielfach gezeigt hat.

Der entscheidende Punkt ist, dass Sie zu sich und zum großen Einen Vertrauen haben.

14.9. Das Negative meiden

Aber allein das Vertrauen in sich selbst und in das große Eine könnte Ihnen womöglich nicht ausreichend erscheinen, obwohl es das ist. Hilfreich ist dabei, möglichst alles Negative zu meiden, um das Positive in den Fokus zu rücken.

Im Unterkapitel "Die gewollte Angst" habe ich einige Beispiele aufgeführt, die dazu führen, dass die Menschen separiert werden und das Gegeneinander im Vordergrund steht. Würden Sie mir Recht geben, wenn ich Ihnen darlegte, dass es sehr sinnvoll ist, das Gegeneinander zu vermeiden und möglichst nur das Positive in das eigene Blickfeld zu lassen?

In Band 1 zu "Siegersystem - Gewinnen ist Bauchsache" habe ich u.a. Folgendes gefordert:

- Denken Sie selbst!

Auf den ersten Blick handelt es sich um eine etwas skurrile Empfehlung, denn wer sollte für Sie denken, das können nur Sie selbst für sich selber. Ist dies so?

Mir geht es darum, deutlich zu machen, dass es wichtig ist, nicht alles, was man liest und hört, zu akzeptieren, sondern alles selbst zu hinterfragen. Ein Rückblick:

Wenn Sie auf die Welt kommen, übernehmen Sie erst einmal alles von Ihren Eltern und Ihrem Umfeld. Alles, was Sie hören und erfahren, akzeptieren Sie als wahr.

In der Schulzeit werden Ihnen "Fakten" vorlegt. Für viele Fächer müssen Sie Bücher lesen und "Geschichten" lernen, die Ihnen als "gegeben" und "wahr" eingeimpft werden. Sie haben praktisch keine Chance, diese "Fakten" zu hinterfragen oder sogar zu prüfen.

Egal ob Sie eine Ausbildung machen oder studieren, es werden Ihnen weiterhin "Fakten" vorgelegt, die Sie zu lernen haben. Ein Widerspruch ist nahezu unmöglich, wenn Sie einen guten Abschluss erlangen möchten.

Aber auch danach, egal ob im Berufs- oder in Ihrem Privatleben, werden Sie von morgens bis abends mit "Fakten" überschüttet. In den Printmedien (Zeitungen, Zeitschriften, Magazine etc.), im Rundfunk, im Fernsehen und im Internet warten immer wieder neue "Fakten" auf Sie.

Wichtig zu wissen, ist:

- "Einer tausendfach wiederholten Lüge glaubt man leichter, als einer zum ersten Mal gehörten Wahrheit."
  (Weisheit, unbekannte Herkunft)

- "Es ist leichter, eine Lüge zu glauben, die man schon hundertmal gehört hat, als eine Wahrheit, die man noch nie gehört hat."
  (Robert Lynd)

Wenn Sie also tausendfach in der Schule gelernt, in den Zeitungen gelesen und im Fernsehen gehört haben, dass z.B. die Darwin´sche Evolutionstheorie wissenschaftlicher Fakt und unwidersprochen richtig ist, dann werden Sie entgegengesetzte Meinungen belächeln.

Ich empfehle Ihnen "zu denken" und dann auch den Mut zum "eigenen Denken" zu haben:

- "Man muss das Wahre immer wiederholen, weil auch der Irrtum um uns herum immer wieder gepredigt wird, und zwar nicht von einzelnen, sondern von der Masse.
(Johann Wolfgang von Goethe)

- "Immer, wenn man die Meinung der Mehrheit teilt, ist es Zeit, sich zu besinnen."
(Mark Twain)

Wie brachte es Albert Einstein so schön auf den Punkt?

- "Um ein tadelloses Mitglied einer Schafherde sein zu können, muss man vor allem ein Schaf sein."

Wollen Sie eigenverantwortlich "denken" oder ein Schaf sein, das der Herde folgt? Diese Frage ist für das Siegersystem von Bedeutung, weil:

- Nur wer gegen den Strom schwimmt, kann die Quelle erreichen!

Dies vorausgeschickt, empfehle ich Ihnen, Ihre Fähigkeit zu denken dazu zu nutzen, nur noch das in Ihr Bewusstsein kommen zu lassen, was positiv und aufbauend für Sie ist. Ich lege Ihnen ans Herz, alles zu vermeiden, was zu negativen

Emotionen und Reaktionen bei Ihnen führen kann. Hierzu ein paar Anregungen:

- Sie werden jeden Tag mit negativen Nachrichten geradezu "bombardiert". Im Radio, im Fernsehen, in Zeitungen und Zeitschriften, über das Internet. Haben Sie auch nur ein einziges Mal ein positives Gefühl dabei empfunden? Ging es Ihnen danach besser? Hatten Sie den Eindruck, nun etwas zu "wissen", was Sie weitergebracht oder Ihnen etwas Positives vermittelt hat? Konnten Sie an dieser "Faktenlage" etwas ändern? War es lebensnotwendig, diese "Fakten" zu kennen? Falls Sie auf diese Fragen nicht eindeutig mit "Ja" antworten können, dann empfehle ich Ihnen, Ihren "Faktenkonsum" zu minimieren. Keine Nachrichtensendungen im Radio, keine Tagesschau, kein Heute-Journal, keine Zeitungen, keine Nachrichten-Webseiten usw., außer es handelt sich um positive Themen, die bei Ihnen zu einem "guten Gefühl" führen.

- Ohne Handy oder Smartphone kommt man heute praktisch nicht mehr aus. Auch auf Whatsapp, Telegram, Singal oder Threema "will" man kaum noch verzichten. Aber muss man zulassen, dass man negative, diffamierende oder sogar hasserfüllte Nachrichten, Fotos oder Videos auf diesem Weg von Handy zu Handy übermittelt bekommt?

- Die sogenannten "sozialen Medien" wie Facebook, Instagram, Twitter usw. werden inzwischen von Milliarden Menschen "genutzt". Wenn es darum geht, positive Informationen auszutauschen, finde ich das völlig ok. Tatsächlich "müssen" sich nicht nur Promis immer häufiger Pöbeleien, Diffamierungen und Schlimmeres gefallen lassen. Ich empfehle deshalb jedem, sich auf keinen Fall mit solchen Rückmeldungen zu befassen und halte es sogar für sinnvoll, möglichst die "Nutzung" dieser Medien zu minimieren oder sogar zu vermeiden.

- Kennen Sie Situationen im Freundes- und Bekanntenkreis, bei denen man über nicht anwesende Dritte spricht? Ich habe meinen Kindern immer nahegelegt, nur das über Nicht-Anwesende zu sagen, was man auch sagen würde, wenn sie anwesend wären. Noch besser wäre es allerdings, absolut nur noch Positives zu erzählen. Stellen Sie sich einfach vor, Sie sprechen nicht über eine dritte Person, sondern äußern sich zu sich selbst. Wenn Sie nur das über Dritte äußern, als wenn Sie es über sich selbst sagen, dann werden Sie damit leben können, dass das, was Sie äußern, zu Ihnen zurückkommt. Sinnvollerweise nur das Beste, oder?

Das Spannende ist, dass Sie immer positiver in sich selbst ruhen, wenn Sie sich nahezu nur noch mit positiven Dingen beschäftigen, möglichst nur noch Positives denken und nur noch positiv über andere sprechen.

Sobald Sie erkannt haben und spüren, dass das Positive, was Sie ausstrahlen, auf Sie zurückfällt, werden Sie geradezu süchtig danach. Es wird Ihnen von Tag zu Tag leichter fallen, für alles dankbar zu sein, was Sie erleben, weil Sie genau "wissen", dass es nur zu Ihrem Besten ist und sein wird.

Ich lade Sie ein, von Tag zu Tag immer vertrauensvoller und dankbarer für wirklich alles zu sein? Ich werde Ihnen noch ein paar Tipps in Form von Techniken und Hilfsmitteln empfehlen, die Ihnen den Weg erleichtern und Sie dabei unterstützen, zu sich und zu Ihrem Weg finden.

15. Respekt und Wertschätzung

Respekt und Wertschätzung gehören zu den wichtigsten Begriffen im Miteinander. Man "kann" vielleicht nicht jeden Menschen lieben, aber man kann sicher lernen, sich immer respektvoll und wertschätzend zu verhalten. Ich nehme inhaltliche Anleihen aus Band 1 "Siegersystem - Gewinnen ist Bauchsache"

15.1. Warum sind Respekt und Wertschätzung wichtig?

In einem vorangegangenen Kapitel habe ich aufgeführt, was für die meisten Menschen am allerwichtigsten ist:

- Respekt
- Wertschätzung
- Kontrolle

Die Angst vor Kontrollverlust ist nach meiner Einschätzung die stärkste Angst überhaupt und erklärt viele Reaktionen des Menschen, z.B. bei großer Höhe oder in tiefen Gewässern oder in einer Situation der freien Rede.

Daneben sind die Punkte "Respekt" "und "Wertschätzung" von besonderer Bedeutung. Menschen wollen geliebt und akzeptiert werden, aber, falls das nicht möglich erscheint, wollen Menschen zumindest respektvoll behandelt werden. Ihr Tun soll wertgeschätzt werden. Ein Verhalten ohne Respekt und Wertschätzung lässt eigentlich harmlose Situationen schnell eskalieren.

15.2. Erwartungen minimieren

Respekt und Wertschätzung anderen Menschen gegenüber halte ich für unabdingbar wichtig. Umgekehrt sollten Sie aber zusätzlich versuchen, selbst keine großen Erwartungen zu haben. Warum?

- Wer Erwartungen hat, kann enttäuscht werden. Wer keine Erwartungen, kann nicht enttäuscht werden.

So einfach ist das. Da Enttäuschungen immer mit Stresshormonen einhergehen, die ich schon im Vorfeld erläutert habe, ist es viel gesünder für Ihre Psyche und Ihre Physis, erwartungsfrei zu bleiben. Ich möchte das an einem überspitzten Beispiel erläutern:

> Eine Ehefrau wird gefragt: "Was ist denn mit Deinem Mann los? Der macht ja so einen depressiven Eindruck." "Ja, er hat seit Tagen Magenschmerzen, inzwischen schon richtiggehend Magengeschwüre. Dazu liegt er depressiv im Bett, weint nur noch und möchte am liebsten sterben. Man kann nicht mehr mit ihm reden." "Um Gottes Willen,", antwortet die Freundin, "was ist denn bloß so Schlimmes passiert, dass Dein Mann seinen ganzen Lebensmut verloren hat?" "Ich weiß auch nicht, warum, vielleicht sind seine Erwartungen zu sehr enttäuscht worden? Vor vier Wochen hat er in der Tombola einen Porsche gewonnen, dann vor drei Wochen gewann er bei einem Preisausschreiben eine Luxuskreuzfahrt und letzte Woche durfte er sich über eine Million Euro im Lotto freuen. Aber diese Woche nichts, wie abgeschnitten! Der Arme ..."

Diese "Geschichte" ist völlig überspitzt dargestellt. Es geht mir mit diesem Bild nur darum, zu verdeutlichen, dass selbst absolute Glückspilze den Blick für die Realität verlieren. Sie, liebe Leser, sind beileibe nicht allein, wenn Sie den Fokus auf Negatives richten. Sie haben aber die Chance, sich selbst positiv auszurichten.

Wie oft hört man Sätze wie z.B.

- Ich bin so enttäuscht von Dir, weil ...
- Sein/Ihr Verhalten hat mich enttäuscht.
- Das Ergebnis ist enttäuschend.

Einer Enttäuschung liegt immer eine Täuschung zugrunde, d.h. man wurde getäuscht. Aber wer hat Sie getäuscht? Der Verein, der sein letztes Spiel verloren hat? Ein Mensch, der sich anders verhalten hat, als Sie dies erwartet haben?

Stopp, genau an dieser Stelle habe ich das wichtigste Wort in Verbindung mit "Enttäuschung" schon aufgeführt:

➢ Erwartung!

Sie haben erwartet, dass Ihr Verein besser spielt und gewinnt und waren hinterher enttäuscht, weil es nicht so gekommen ist, wie Sie dies erwartet haben. Was wurde also getäuscht? Genau, nicht Sie, sondern Ihre Erwartung.

Wer ganz alleine trägt die Verantwortung für Ihre Enttäuschung? Der Verein? Die Spieler? Der Schiedsrichter?

➢ Nein. Sie!

Es tut mir leid (nein, tut es nicht!), Ihnen deutlich machen zu müssen, dass ausschließlich Sie selbst in 100% aller Fälle verantwortlich für Ihre Enttäuschung und die damit verbundenen Gefühle sind. In 100% aller Fälle! Hätten Sie nämlich gar keine Erwartung gehabt, hätten Sie nicht enttäuscht werden "können".

Ein Beispiel:

Der Verein 1. FC Schupfendingen verliert gegen den Verein SC Hoppelpoppel 0:6. Und? Sind Sie sehr enttäuscht? Sind Sie niedergeschlagen? Finden Sie vor "Enttäuschung" die nächsten Tage nicht mehr in den Schlaf? Oder können Sie einigermaßen mit dieser Niederlage umgehen?

Wahrscheinlich wird Ihnen diese Nachricht völlig egal sein. Sie kennen weder den einen, noch den anderen Verein. Sie wussten nicht einmal, dass es solch ein Match gegeben hat. Sie wissen sogar bisher noch nicht einmal, um welche Sportart es geht. Fußball? Schach? Tischtennis? Das Ergebnis hat schlicht und ergreifend keine Relevanz für Sie. Sie können sich nicht getäuscht fühlen, also enttäuscht sein, weil Sie keine Erwartungshaltung hatten.

Ein typisches Beispiel für eine in meinen Augen unnötige Enttäuschung und ein damit belastendes Gefühl ist die Einstellung von Eltern, dass sie alles für ihre Kinder getan haben und tun und dementsprechend wohl erwarten können, dass die Kinder dankbar sind.

Ich sehe das völlig anders. Kein Kind hat den Eltern vor der Zeugung eine Nachricht zukommen lassen, dass man gerne von diesen Eltern gezeugt werden möchte. Die Entscheidung einer Zeugung haben im Normalfall die Eltern getroffen (eine höhere Macht lasse ich hier außen vor), die Kinder wurden gezeugt, geboren und erzogen. Alles eine Passiv-Situation für die Kinder, so glauben es die meisten Menschen zumindest Warum sollen Sie für etwas dankbar sein, was sie gar nicht bestellt haben, ist zumindest die unterbewusste Sichtweise. Ich sehe dies anders, wie Sie sich inzwischen denken können.

Natürlich können sich Kinder dankbar zeigen, keine Frage. Dies ist dann aber ein freiwilliges Verhalten der Kinder. Als Eltern darf man nicht "erwarten" und sich ggfs. getäuscht fühlen, wenn diese Erwartungshaltung nicht befriedigt wird.

Diese "Nicht-Erwartungshaltung" macht das Leben sehr viel entspannter. Man kann nicht enttäuscht, sondern nur positiv überrascht werden.

So weiß ich z.B. von einem Fall, bei dem die Eltern ihrer Tochter eine finanzielle Unterstützung zum Kauf ihrer Eigentumswohnung gewährt hatten. Es war ein Geschenk in einer beträchtlichen Höhe. Anschließend entzweite sich die Tochter mit den Eltern. Die Tochter fühlte nämlich, dass sie dieses Geschenk (familiensystemisch gesehen) nicht "ausgleichen" konnte und fühlte sich dadurch schlecht. Die Eltern erwarteten, dass sich ihre Tochter und ihr Schwiegersohn besonders dankbar zeigen und häufig zu Besuch kommen würden. Das schlecht fühlen der Tochter und die Erwartungshaltung der Eltern führten zu emotionalen Problemen und negativen Energien. Ich erklärte dem Vater, dass ein Geschenk komplett ohne Erwartungen gegeben werden "muss", weil es ansonsten kein Geschenk, sondern ein Geschäft wäre. Diese Einsicht hat geholfen.

15.3. Bewerten Sie nicht

Wenn Sie Ihre eigene Erwartung herunterschrauben können, dann empfehle ich Ihnen noch etwas von Bedeutung:

- Bewerten Sie nicht!

Sie können niemals einschätzen, ob irgendetwas, z.B. eine Äußerung, ein Verhalten oder ein Ereignis, letztendlich positiv oder negativ ist. Selbst eindeutig erscheinende Ereignisse können unterschiedlich "bewertet" werden.

Ein Beispiel:

In Japan gab es vor einigen Jahren einen Reaktorunfall. Viele Menschen verloren ihr Leben, weite Meeresbereiche und Landstriche wurden verseucht. Ist dieser Unfall nun positiv oder negativ?

Von den Menschen vor Ort wird der Unfall zweifelsfrei eher negativ betrachtet werden. Aber kann man es nicht auch positiv sehen, weil z.B. zumindest zum Teil ein Umdenken eingesetzt hat und einige Länder verstärkt auf erneuerbare Energien setzen, wobei der Begriff "erneuerbar" in Verbindung mit Energie natürlich Unfug ist. Energie ist nicht erneuerbar, sie kann nur "umgewandelt" werden.

Aber selbst für die Menschen vor Ort, die z.B. ihr Leben verloren haben, kann dieser Unfall positive Aspekte gehabt haben. Wer weiß, welche Aufgabe sie in dieser Inkarnation hatten. Wir können es nicht beurteilen, kein Mensch kann dies.

Wenn man schon nicht an solch einem drastischen Beispiel einzuschätzen vermag, ob "irgendetwas" positiv oder negativ "beurteilt" werden kann, dann halte ich es für richtig, überhaupt nichts zu bewerten. Keine Äußerung, keine Handlung, kein Ereignis, einfach nichts. Es gibt niemals ein einfaches "Positiv" oder "Negativ". Es gibt absolut immer mehrere Betrachtungsweisen. Wem steht es dann zu, über andere Menschen oder Ereignisse etc. eine Bewertung abzugeben?

Wenn Sie es schaffen, sich auch in diesem Bereich zu disziplinieren, dann werden Sie mit der Zeit erkennen, dass das Leben sehr viel mehr schöne Seiten bereithält, als Sie womöglich glauben, und vor allem die Chance haben, sich immer mehr - möglichst ausschließlich - mit diesen angenehmen Aspekten des Seins zu beschäftigen.

Es gehört nämlich im Laufe dieses Lernprozesses zu den angenehmen Nebeneffekten, dass Sie sich immer weniger mit "negativen" Ereignissen beschäftigen (wollen). Sie werden mit der Zeit immun gegen Negativismen, Bedenkenträger und Warnungen aller Art. Sie kümmern sich irgendwann nicht mehr um Kriege, Terror, Mord und Totschlag, Verbrechen aller Art, die NWO, Krankheiten und jede Menge Warnungen und Angstmachereien. Glauben Sie mir, das Leben wird dadurch sehr viel entspannter und lebenswerter.

15.4. Behandeln Sie jeden und alles mit Respekt

Nichts und niemanden zu bewerten, ist das eine. Einen Schritt weiter gehen Sie, wenn Sie alles und jeden mit Respekt behandeln.

Das eigene Ego steht unserem Bemühen um ein respektvolles Verhalten ab und zu im Wege. Man ist z.B. verärgert und wird daraufhin laut und ausfallend. Ein Wort ergibt das andere, der Streit eskaliert.

Diesen Streit kann man im Keim ersticken, indem man alles und jeden aufrichtig respektiert und gar nicht erst auf die Idee kommt, sich abfällig oder angreifend zu äußern. Ich weiß, dass dies leichter gesagt, als getan ist. Ich selbst erwische mich immer noch dabei, dass ich manchmal auf Äußerungen Dritter respektlos reagiere, aber ich erkenne es zum Glück immer schneller und bin fast immer sehr schnell bereit, dagegen zu steuern, etwas gerade zu rücken oder um Entschuldigung zu bitten.

Der große Vorteil, wenn Sie alles und jeden mit Respekt behandeln, ist, dass es für andere sehr schwierig wird, Sie in einem negativen Licht dastehen zu lassen. Wenn jeder weiß, dass Sie sich nahezu immer nur respektvoll äußern und verhalten, wird man versuchen, Ihre Nähe zu suchen und Sie für sich zu gewinnen.

15.5. Wertschätzen Sie jeden und alles

Ich empfehle Ihnen, nicht nur nichts und niemanden zu "bewerten", sondern im Gegenteil alles und jeden wertzuschätzen. Ich mache dies bei Vorträgen und Seminaren gerne an einem praktischen Beispiel deutlich.

Ich nehme einen 100 Euro-Schein und frage, wer diesen Geldschein genug wertschätzt, um ihn haben zu wollen, z.B. um sich damit etwas zu kaufen. Normalerweise heben alle Zuhörer oder Seminarteilnehmer die Hand. Dann zerknüddele ich den Geldschein und frage das gleiche nochmal. Die Reaktion ist üblicherweise identisch, alle Arme heben sich. Und zu guter Letzt zerreiße ich den Geldschein und halte beide Teile hoch. Aber selbst dann sind alle Zuhörer und Seminarteilnehmer bereit, sich dieses Geldscheins anzunehmen.

Wie viel mehr ist ein Mensch wert, ganz unabhängig davon, ob er im Maßanzug auftritt oder unter der Brücke lebt. Woher kann man wissen, was zu diesem oder jenen Umstand geführt hat? Woher soll man wissen, zu welcher Leistung und zu was derjenige, den man vielleicht früher etwas abschätzig betrachtet hat, fähig ist? Ist der Wert eines Menschen davon abhängig, ob er "glatt gebügelt", zerknüddelt oder sogar ziemlich runtergekommen aussieht?

Denken Sie z.B. an den Film "Independence Day" von Roland Emmerich aus dem Jahre 1996, u.a. mit Will Smith. Russell Casse, dargestellt von Randy Quaid, ist einen heruntergekommenen Alkoholiker, dem man als Außenstehender zu

Beginn des Films sicher keine erhöhte Aufmerksamkeit zukommen ließ und ihn womöglich eher geringschätzig betrachtet hat. Letztendlich war er aber derjenige, der den Schlüssel zum Sieg über die Aliens gefunden hat, indem er sich für die Menschheit opferte und mit seinem Flugzeug direkt in die Primärwaffe der Aliens flog und dadurch das außerirdische Raumschiff zum Absturz brachte.

Sie können nicht wissen, welche Aufgabe ein Mensch in seinem Leben hat. Sie können nicht wissen, ob ein Mensch etwas Herausragendes machen oder schaffen wird. Jeder Mensch ist etwas Besonderes und kann zu etwas Einmaligem durch sein Denken und Handeln werden.

Aber selbst wenn ein Mensch nicht dazu auserkoren ist, Sie z.B. durch die Übertragung einer Niere oder Ihr Kind vor dem Ertrinken zu retten, ist es absolut jeder Mensch wert, aufrichtig wertgeschätzt und positiv angenommen zu werden. Und selbst wenn sich ein Mensch in einer Situation zu Ihrem Nachteil zu verhalten "scheint", z.B. Sie beschimpft oder Ihnen übel mitspielt, können Sie nicht wissen, ob sich nicht genau diese Situation irgendwann einmal zu Ihrem Vorteil darstellen wird.

Der große Vorteil dieser Sicht- und Verhaltensweise ist, dass es Ihnen viel "schwerer" fallen wird, voreilig über Menschen zu urteilen, sie zu beschimpfen. über zu reagieren und überhaupt negativ oder abfällig über sie zu denken. Je weniger Sie negativ und abfällig "denken", sondern positiv und wertschätzend, desto besser ist es für Sie, weil Sie dann genau das in Ihr Leben ziehen, was Sie sich wünschen.

15.6. Jeder Mensch ist etwas Besonderes

Ich nehme an dieser Stelle eine kurze Anleihe aus Band 2 "Omniatherapie - Gesundheit & Glück durch Verstehen & Versöhnung" und will nochmals erklären, warum ich das vollständige und uneingeschränkte Vergeben, sowie das Versöhnen mit allen Menschen bzw. mit deren Worten und Handlungen für die zentrale Aufgabe in unserem Leben erachte.

So bin ich absolut sicher, dass jeder Mensch möchte, dass das Gute und Göttliche in ihm erkannt wird. Kein Mensch ist von Geburt an schlecht. Es ist sogar kein Mensch in seinem ganzen Leben irgendwann schlecht. Es gibt nur Worte und Handlungen, die andere Menschen "als schlecht beurteilen", weil sie z.B. nicht zur eigenen Sozialisation oder zum erlernten Gewissenskanon passen.

Was ich bei sämtlichen Coachings und Therapien immer wieder festgestellt habe, ist, dass jede Situation, egal wie unangenehm sie auch im jeweiligen Moment empfunden worden sein mag, aus verschiedenen Blickwinkeln betrachtet werden konnte. Diese unterschiedlichen Blickwinkel ließen es letztendlich immer zu, obwohl die Situationen als negativ empfunden wurden, die Hintergründe zu verstehen und sogar allen und allem zu verzeihen. Immer.

Weil ich dies niemals anders erlebt habe, empfehle ich immer:

- "Wir müssen unseren Nächsten lieben, entweder weil er gut ist oder damit er gut werde!"
  (Hl. Aurelius Augustinus)

Und weiter:

- Segnen Sie andere Menschen, denn dadurch segnen Sie sich selbst. Achten und segnen Sie das Göttliche in ihm.

Unterbewusste Glaubenssätze und Blockaden, dazu psychische Verletzungen und ggfs. seelische Schmerzen führen dazu, z.B. jemandem auf keinen Fall vergeben zu "wollen", aber dieses "nicht wollen" ist ausschließlich Ihrem Ego entsprungen.

- Das Leiden ist oft leichter, als ein aufrichtiges Verzeihen, weil man weiß, was man in der Situation des Leidens "hat" und eine zumindest gefühlte Machtposition, sowie auch andere Vorteile (z.B. das Mitgefühl Dritter) behält. Ein aufrichtiges Verzeihen, was mit einem Verlust des Leidens einhergehen könnte, kann oftmals die weniger attraktive Alternative sein.

Dies zu erkennen und die "richtigen" Schlüsse daraus zu ziehen, ist eine persönliche Herausforderung. Es ist aber eine, die wir meistern können. Ich halte es sogar für eine der zentralen Aufgaben in unserem Leben.

15.7. Schließen Sie mit der Vergangenheit Frieden

In all den Jahren habe ich immer wieder feststellen dürfen, dass ein Punkt besonders wichtig ist:

- Schließen Sie mit Ihrer Vergangenheit Frieden, damit Sie Ihre Zukunft gestalten können.

Jeder, der noch in der Vergangenheit verhaftet ist, sich über Erlebtes und Erfahrenes Gedanken macht, nach dem Warum fragt oder eine Klärung für Verhaltensweisen sucht, womöglich sogar anderen Menschen insgeheim oder auch offen Vorwürfe macht und in negativen Gedanken und Gefühlen gefangen ist, vergeudet Kraft und Zeit. Anstatt sich positiv auszurichten, die sich bietenden Möglichkeiten zu erkennen, Chancen zu nutzen und das Leben zu genießen, kreisen die Gedanken um Vergangenes und Dinge, die sowieso nicht mehr zu ändern sind.

Ich möchte Ihnen nachdrücklichst empfehlen, mit Ihrer Vergangenheit Frieden zu schließen. Ich möchte Ihnen Mut machen, diesen Schritt zu gehen. Sie sind auf Ihrem Weg niemals allein. Ganz im Gegenteil passt immer "jemand" auf Sie auf. Immer. Haben Sie Vertrauen ...

16. Glaube und Ihr "ICH BIN"

Ich hatte bereits darauf hingewiesen, dass ich nahelege, auf das Eine, das Unfassbare, die Quelle oder wie immer Sie "es" auch nennen mögen, zu vertrauen. Dieser Punkt ist so wichtig, dass ich ihn nochmal ausführlicher darlegen möchte.

Ich nehme dabei eine Anleihe aus Band III "Omniatherapie - Gesundheit & Glück durch Verstehen & Versöhnung". Allerdings geht es mir ausdrücklich nicht um den Bereich der Religion, sondern um das Thema "glauben und vertrauen".

16.1. Was ist eigentlich Glauben?

Bei wahrem Glauben handelt es sich um ein Zusammenspiel von Bewusstsein und Unterbewusstem. Am besten könnte man Glauben mit einer Wahrscheinlichkeitsvermutung beschreiben. Man hält z.B. die Existenz Gottes für sehr wahrscheinlich, wobei eine Widerlegung nicht ausgeschlossen wird.

Wenn ich mit Menschen über den "Glauben" spreche, höre ich oft, dass sie "nicht glauben" können, weil sie sich z.B. nicht vorstellen können, dass ein Schöpfer alles erschaffen hat. Wie soll dieser Schöpfer aussehen? Ein Mann mit einem langen, weißen Bart ist es sicher nicht.

Dazu kommt sehr häufig das Argument, dass es keinen liebenden Schöpfer geben "kann", denn ein liebender und gütiger Gott würde das viele Negative, die Unglücke und das Böse nicht zulassen.

Stattdessen scheint der Versuch einer wissenschaftlichen Erklärung mit den Bausteinen Urknall und Evolutionstheorie viel besser nachvollziehbar und deshalb naheliegender. Aber ist dem wirklich so? Oder handelt es sich auch da nur um Theorien, die jederzeit "umgeworfen" werden können?

16.2. Ist der Glaube auf eine Religion angewiesen?

Im Normalfall verbindet man den "Glauben an Gott" unwillkürlich mit dem Vorhandensein einer Religiosität. Dabei muss man keiner Religion folgen oder religiös sein, um "zu glauben".

Ich selbst bin z.B. kein religiöser Mensch. Ich vertrete sogar ganz im Gegenteil die Meinung, dass eine Religion oftmals kontraproduktiv wirken kann, weil die Menschen auf Grund unterschiedlicher Vorstellungen und Religionen voneinander getrennt werden.

Ein "nur über mich führt der Weg zu Gott" muss automatisch zur Folge haben, dass Menschen, die einen anderen Weg verfolgen, von der Erreichung des "eigentlich gemeinsamen" Ziels ausgeschlossen sein müssen. Ich halte es für undenkbar, dass so etwas "gewollt" sein kann.

Eine Religion, die jeden Weg zu Gott (oder wie auch immer Sie das Eine bezeichnen mögen) unterstützt und nicht zwischen Gut und Böse unterscheidet, sondern alles so nimmt, wie es einfach ist, also auch keine Sünde, Erbsünde o.ä. annimmt, würde ich befürworten können.

16.3. Kann man „nicht glauben"?

Hierauf kann man ruhigen Gewissens mit "Nein" antworten. Es ist Ihnen nicht möglich "nicht zu glauben". Es ist vielleicht so, dass Sie nicht an einen Schöpfer glauben, aber an irgendetwas glauben Sie, z.B. dass es keinen Schöpfer gibt oder die Evolutionstheorie stimmt.

➢ "Das Gesetz des Lebens ist das Gesetz des Glaubens."

Die Frage ist also nicht, ob Sie an irgendetwas glauben oder nicht. Die Frage ist nur, woran Sie glauben. Und dies gilt gleichermaßen für alle Ihre Lebensbereiche.

16.4. Was ist das Gegenteil von "Glauben"?

Ist der Atheismus das Gegenteil von "glauben"? Nein, denn auch der Atheist glaubt an etwas, nur nicht an einen Schöpfer oder Gottheiten. Erst wenn man an nichts mehr glaubt, ist das Gegenteil von "glauben" erreicht. Darum behaupte ich:

- "Das Gegenteil von "Glauben" ist Hoffnungslosigkeit."

Erst wenn man an nichts mehr glaubt und alles sinnlos zu sein scheint, man also "das Ende der Fahnenstange erreicht" hat und hoffnungslos in die Zukunft schaut, weiß man, dass "glauben" - egal an was - etwas wahrhaft Beglückendes hat.

16.5. Was ist der Sinn des Lebens?

Sogar für diese Frage gibt es einen Eintrag bei Wikipedia:

> Bei der Frage nach dem Sinn des Lebens geht es um die auf einen Zweck gerichtete (teleologische) Bedeutung des Lebens im Universum an sich oder um die biologische und sozio-kulturelle Evolution, insbesondere des Homo Sapiens. Im engsten Sinn ist damit die „Deutung des Verhältnisses, in dem der Mensch zu seiner Welt steht", gemeint.
>
> Die Frage nach dem Sinn des Lebens beinhaltet diejenige nach der Bestimmung des Menschen. Sie ist eng verbunden mit den Fragestellungen "Woher kommen

wir? Wohin gehen wir? Warum sind wir hier auf Erden?" und weiter: "Wie sollen wir leben, um unseren Daseinszweck zu erfüllen?" Hierbei wird diskutiert, ob diese durch eine äußere Institution vorgegeben ist, etwa ein göttliches Gebot, ob ein bestimmtes Verhalten der Natur entspringt, dass z.B. der Mensch dem Zweck der Fortpflanzung oder der Arterhaltung folgt, oder ob er gefordert ist, autonom ein selbstbestimmtes Leben zu führen und sich einen Lebensweg zu wählen, den er als sinnvoll erachtet. Sinnvoll erscheint ein Leben dann, wenn es einer idealen Wertvorstellung entspricht.

Zumeist wird die Frage nach dem Sinn des Lebens so verstanden, dass nach einem bestimmten Zweck gefragt wird, dem das Leben dienen soll, oder nach einem bestimmten Ziel, das angestrebt werden soll. Genauso kann nach dem Wert, dem Nutzen oder der Bedeutung des Lebens gefragt werden.

Viele Missverständnisse bei den Versuchen, einen solchen Zweck zu bestimmen, haben ihre Ursache schlicht darin, dass versäumt wird, die Begriffe Sinn und Leben eindeutig und klar zu definieren. Hinzu kommt, dass man bezweifeln kann, ob eine vernünftige Antwort überhaupt möglich ist. Günther Anders hat dazu geschrieben: „Warum setzen Sie eigentlich voraus, dass ein Leben, außer da zu sein, auch noch etwas haben müsste oder auch nur könnte – eben das, was Sie Sinn nennen?"[16]

Ich meine:

- "Der Sinn des Lebens ist nicht zu suchen, sondern durch sich sehen und erleben zu lassen, um seiner selbst zu lieben und geliebt zu werden und die Illusion der Polarität der Welt zu überwinden."

Der große Vorteil dieser Sichtweise ist, dass nichts, was wir tun, "sinnlos" sein kann, sondern jede Sekunde, egal was man tut und erlebt, "sinnvoll" ist. Die einzige Frage ist, ob man selbst die Erkenntnis verinnerlicht hat, dass alles, was man denkt, fühlt und macht, grundsätzlich "einen Sinn hat". Dies fällt um so leichter, wenn man für sich selbst die Sicherheit gewonnen hat, der eigenen Berufung zu folgen. Dann ist man mit sich im Reinen und kann nach meiner Erfahrung z.B. nicht depressiv, mutlos oder einsam sein.

Dabei spielen nach meiner Einschätzung materielle Dinge eine völlig untergeordnete Rolle. Entscheidend sind eine geistige und spirituelle Nahrung, um "seinen eigenen Weg", seiner Berufung und seinem Lebensziel zu folgen.

[16] https://de.wikipedia.org/wiki/Sinn_des_Lebens

16.6. Die Physik des Glaubens

Im Folgenden eine sehr schöne Geschichte, die erklärt, warum man keinen „Beweis für Gott" benötigt, um zu glauben.

Ein atheistischer Professor der Philosophie unterrichtete seine Klasse über das Problem, das die Wissenschaft mit Gott, dem Allmächtigen, hat. Er bat einer seiner neuen christlichen Studenten aufzustehen.

Professor: Du bist Christ, stimmt's?

Student: Ja.

Professor: Also, du glaubst an Gott?

Student: Absolut.

Professor: Ist Gott gut?

Student: Klar.

Professor: Ist Gott allmächtig?

Student: Ja.

Professor: Mein Bruder starb an Krebs, obwohl er zu Gott gebetet hat, dass er ihn heilen soll. Die meisten von uns würden wenigstens versuchen, anderen zu helfen, die krank sind. Aber Gott nicht. Wie kann dieser Gott dann gut sein, hmm?
(Der Student schwieg...)

Professor: Die Frage kannst du nicht beantworten, stimmt's? Fangen wir nochmal von vorne an junger Mann: Ist Gott gut?

Student: Ja.

Professor: Ist der Teufel gut?

Student: Nein.

Professor: Wo kommt der Teufel her?

Student: Von Gott.

Professor: Das ist wahr. Sag mir, gibt es Böses auf dieser Welt?

Student: Ja.

Professor: Das Böse ist überall, oder? Und Gott hat alles erschaffen, korrekt?

Student: Ja.
Professor: Also hat wer das Böse erschaffen?

(Der Student antwortete nicht...)

Professor: Gibt es Krankheit? Unmoral? Hass? Hässlichkeit? Alle diese Dinge existieren in dieser Welt, oder etwa nicht?

Student: Ja, Sir.

Professor: Also, wer erschuf diese Dinge dann?

(Der Student hatte keine Antwort)

Professor: Die Wissenschaft belegt, dass du fünf Sinne hast, um die Welt um dich herum zu identifizieren und zu observieren. Sag mir, hast du Gott jemals gesehen?

Student: Nein.

Professor: Sag mir, hast du Gott jemals gehört?

Student: Nein.

Professor: Hast du deinen Gott jemals gefühlt, geschmeckt, gerochen? Hattest du jemals eine sensorische Wahrnehmung von Gott gehabt?

Student: Nein Sir, das habe ich nicht.

Professor: Und trotzdem glaubst du an Gott?

Student: Ja.

Professor: Nach einem empirischen, testreichen und demonstrierenden Protokoll besagt die Wissenschaft, dass Dein Gott nicht existiert. Was sagst du dazu?

Student: Nichts. Ich habe nur meinen Glauben.

Professor: Ja... Glauben. Genau das ist das Problem, dass die Wissenschaft hat...

Student: Professor, gibt es nicht so etwas wie Hitze?

Professor: Ja.

Student: Und ist das etwas wie Kälte?

Professor: Ja.

Student: Nein Sir, das gibt es nicht.

(Der Hörsaal wurde sehr ruhig mit der sich wendenden Konversation)

Student: Sir, Sie können viel Hitze haben, noch mehr Hitze oder sogar Superhitze, Megahitze, weiße Hitze, ein bisschen Hitze oder gar keine Hitze. Aber es gibt nicht so etwas, das man Kälte nennt. Wir können -458 Grad Fahrenheit erreichen, welches keine Hitze ist, aber wir können diese Grenze nicht überschreiten. So etwas wie die Kälte gibt es nicht. Die Kälte ist ein Wort, das wir benutzen, um die Abwesenheit von Hitze zu beschreiben. Wir können die Kälte nicht messen. Hitze ist Energie. Die Kälte ist nicht das Gegenteil von der Hitze, Sir, nur die Abwesenheit davon.

(Im Hörsaal war es dermaßen ruhig, dass man eine Nadel hätte fallen hören können)

Student: Wie sieht's aus mit der Dunkelheit, Sir? Gibt es so etwas wie Dunkelheit?

Professor: Ja. Was ist die Nacht, wenn es keine Dunkelheit gibt?

Student: Sie haben wieder unrecht, Sir. Die Dunkelheit ist die Abwesenheit von etwas. Man kann ein bisschen Licht haben, normales Licht, helles Licht oder sogar grelles Licht. Aber wenn man konstant kein Licht hat, dann hat man nichts und das nennt man Dunkelheit, stimmt's? Also in der Realität gibt es Dunkelheit nicht. Wenn es das täte, könnte man dann die Dunkelheit nicht noch dunkler machen?

Professor: Also, was willst du damit sagen, junger Mann?

Student: Sir, was ich damit sagen will ist, dass ihre philosophische Voraussetzung lückenhaft ist.

Professor: Lückenhaft? Kannst du mir erklären, wieso?

Student: Sir, Sie arbeiten an der Voraussetzung der Dualität. Sie behaupten, dass es Leben und Tod gibt, einen guten Gott und einen schlechten Gott. Sie stellen sich Gott als etwas Begrenztes vor, als etwas, dass wir messen können. Sir, die Wissenschaft kann nicht einmal einen Gedanken erklären. Sie benutzt die Elektrizität und Magnetismus, aber hat keines davon weder gesehen noch voll verstanden. Wer den Tod als das Gegenteil von Leben sieht, ignoriert die Tatsache, dass der Tod keine Substanz ist. Der Tod ist nicht das Gegenteil von Leben, nur die Abwesenheit davon. Jetzt erklären Sie mir,

Sir, lehren Sie Ihre Studenten, dass sie vom Affen abstammen?

Professor: Wenn du auf die Evolutionstheorie hinaus willst: Ja natürlich lehre ich diese.

Student: Haben Sie die Evolution mit Ihren eigenen Augen gesehen, Sir?

(Der Professor schüttelte den Kopf mit einem Lächeln, womit er anfing zu realisieren, wo diese Diskussion hinführen würde)

Student: Wenn niemand die Evolution im Prozess gesehen hat und nicht beweisen kann, dass dieser Prozess ein fortschreitendes Unterfangen ist, lehren Sie dann nicht Ihre Meinung, Sir? Sind Sie dann nicht weniger ein Wissenschaftler, sondern vielmehr ein Prediger?

(Die Klasse tobte)

Student: Gibt es irgendjemanden in diesem Raum, der das Gehirn des Professors gesehen hat?

(Die Klasse lachte)
Student: Gibt es hier jemanden, der das Gehirn des Professors gefühlt, gehört, angefasst oder gerochen hat? Niemand scheint es getan zu haben. Also, nach den etablierten Regeln des empirischen, stabilen und demonstrierenden Protokolls besagt die Wissenschaft, dass Sie kein Gehirn haben, Sir. Bei

allem Respekt Sir, wie können wir Ihrem Unterricht trauen, Sir?

(Der Hörsaal war still. Der Professor starrte den Studenten an, sein Gesicht – unergründlich.)

Professor: Ich schätze, Du musst sie beim Glauben nehmen, Junge...

Student: Das ist es, Sir! Ganz genau! Die Verbindung zwischen den Menschen und Gott ist GLAUBE. Das ist das einzige, was die Dinge am Leben hält und antreibt.

Der Student soll Albert Einstein gewesen sein

Ob sich diese Geschichte tatsächlich so zugetragen hat, weiß ich nicht, aber ich finde sie toll, deshalb habe ich sie auch in dieses Buch aufgenommen. Leider weiß ich nicht mehr, woher ich sie habe, meine Aufzeichnung datiert aus dem Jahr 2012.

Ich wäre übrigens auf die drei Fragen des atheistischen Professors, auf die keine Antwort erfolgt, eingegangen:

Professor: Mein Bruder starb an Krebs, obwohl er zu Gott gebetet hat, dass er ihn heilen soll. Die meisten von uns würden wenigstens versuchen, anderen zu helfen, die krank sind. Aber Gott nicht. Wie kann dieser Gott dann gut sein, hmm?

Ich: Es liegt immer ein sehr subjektiver Blickwinkel vor, wenn man beurteilen will, ob etwas gut ist oder nicht, ob z.B. eine

Krankheit oder ein Symptom einen Sinn haben. Niemand kann wissen, warum sich eine Krankheit, z.B. Krebs, manifestiert hat. Meistens weiß es noch nicht einmal der Betroffene. Ich bin aber fest davon überzeugt, dass eine Krankheit niemals eine Strafe, sondern selbst durch das eigene Denken, Fühlen und Glauben "verursacht" ist, wenn keine äußeren Einwirkungen (Vergiftung o.ä.) die Ursache sind. Insofern ist jede Krankheit auf eine eigene Verantwortlichkeit zurückzuführen, und zwar unabhängig vom Zeitpunkt, weil man nicht weiß, welche Gedanken, Gefühle und Glaubenssätze man in die aktuelle Inkarnation mit übernommen hat.

Professor: Also hat wer das Böse erschaffen?

Ich: Es gibt nicht "das Böse". Es gibt Dinge, die wir auf Grund unserer Sozialisation als böse bezeichnen, z.B. Mord, Missbrauch, Betrug u.s.w. Aber alle "bösen" Taten werden auf Grund der eigenen Entwicklung und Erfahrung, überwiegend unterbewusst, begangen. In anderen Sozialisationen können die gleichen Taten als positiv und zielführend angesehen werden. Dafür hat der Mensch den freien Willen "bekommen", den er leider nicht immer zum Vorteil aller nutzt.

Professor: Gibt es Krankheit? Unmoral? Hass? Hässlichkeit? Alle diese Dinge existieren in dieser Welt, oder etwa nicht? Also, wer erschuf diese Dinge dann?

Ich: Auch hier gilt, was ich zuvor erklärt habe. Eine Krankheit ist keine Strafe, sondern hat immer etwas mit dem eigenen Denken, Fühlen und Glauben zu tun. Unmoral und Hass sind

Verhaltensweisen, die auf Erfahrungen, Erlebnisse und seelische Verletzungen zurückzuführen sind. Und Hässlichkeit kann niemals objektiv sein, sondern es liegt immer eine subjektive Betrachtungsweise zu Grunde.

Es muss nicht jeder mit meinen Überzeugungen übereinstimmen. Für meine Empfehlung "Das Wichtigste Wort, um gesund und glücklich zu sein: DANKE!" offen zu sein, ist es nur wichtig, Positives, Glauben und Hoffnung, sowie nach Möglichkeit Vertrauen zuzulassen und sich darauf auszurichten.

16.7. Die stärkste Kraft "ICH BIN"

Ich lese gerade auf Empfehlung eines lieben Freundes das Buch "Die 33 Reden des St. Germain" von Godfré Ray King. Ich gestehe, dass ich in den Inhalt des Buches anfänglich schwierig hineingefunden hatte. Es war mir für meinen Geschmack zu unspezifisch, zu ausschweifend, nicht auf den Punkt kommend geschrieben. Je mehr ich jedoch Kapitel für Kapitel gelesen hatte, desto mehr inspirierte mich der Inhalt.

Ich kann natürlich nicht auf alles, was Godfré Ray King aufführt, eingehen, aber etwas ganz Elementares möchte ich darlegen.

Es ist unsere Aufgabe, uns in unserer jeweiligen Inkarnation bewusst zu werden, dass wir göttliche Wesen sind. Eigentlich "müssen" wir uns nur an etwas Naheliegendes erinnern, aber dieses Erinnern fällt offenbar (nicht nur mir) unglaublich schwer. Anstatt uns als göttliche Wesen anzunehmen und unsere Kraft und unsere Macht zuzulassen bzw. zielführend einzusetzen, suchen wir immer eine Lösung im Außen. Je mehr wir jedoch im Außen suchen, desto weiter entfernen wir uns von der wahren Quelle, die in uns selbst "versteckt" ist.

Was wir erkennen und leben "müssen", ist unsere wahre ICH BIN-Gegenwart. Dieses ICH BIN ist die stärkste Energie, die wir denken und fühlen können. Das ICH BIN manifestiert, was wir zum Ausdruck bringen. Das ICH BIN ist alles, was wir brauchen und in unser Denken und Fühlen einbringen "müssen", um unseren Gottesfunken zuzulassen und in unserem Leben mit Kraft zu erfüllen.

Deshalb empfehle ich z.B. einige ICH BIN Affirmationen einzusetzen, wobei diese Affirmation auf keinen Fall als Wünsche oder zukünftige Erwartungen formuliert sein dürfen, sondern immer in der ICH BIN Persepektive.

1. ICH BIN göttliches Wirken
2. ICH BIN die allgegenwärtige allmächtige beschützende Intelligenz
3. ICH BIN die Gegenwart, die meinen Körper beschützt und stärkt
4. ICH BIN das vollkommene Wirken jeder Zelle meines Körpers
5. ICH BIN das höchste Gesetz des Lebens
6. ICH BIN vollkommene Gesundheit
7. ICH BIN vollkommene Intelligenz tätig in meinem Gehirn

8. ICH BIN vollkommende Sehkraft durch meine Augen
9. ICH BIN vollkommenes Hören durch meine Ohren
10. ICH BIN die Intelligenz, die alles schafft und erreicht, was ich will.
11. ICH BIN das Licht in jedem Raum
12. ICH BIN der Gottes-Funken
13. ICH BIN die Liebe für meine Familie
14. ICH BIN Weisheit und Wahrheit
15. ICH BIN die mächtige verzehrende Flamme
16. ICH BIN vollständiges Verstehen
17. ICH BIN erfülltes Wirken
18. ICH BIN strahlende Energie und Freude
19. ICH BIN Respekt und Autorität
20. ICH BIN siegreiche Intelligenz
21. ICH BIN Zufriedenheit und Dankbarkeit
22. ICH BIN Empathie und Verständnis
23. ICH BIN alles Gute und Positive
24. ICH BIN im Einklang mit der Schöpfung
25. ICH BIN Frieden und Harmonie
26. ICH BIN Sicherheit und Entspannung
27. ICH BIN meine Bestimmung und mein Ziel
28. ICH BIN Vertrauen und Zuversicht
29. ICH BIN Leichtigkeit, Licht und Liebe
30. ICH BIN grenzenloses Potenzial
31. ICH BIN Wärme und Zuneigung
32. ICH BIN strahlende Lebenskraft
33. ICH BIN unendliche Stärke und Kraft
34. ICH BIN Glück und Erfolg
35. ICH BIN Wohlstand und Reichtum
36. ICH BIN die verzehrende Kraft, die jedes Hindernis mit Leichtigkeit aus dem Weg räumt

37. ICH BIN mein vollkommenes wirkendes Verstehen
38. ICH BIN die reine Eingebung und Intuition
39. ICH BIN vollkommenes Glück, vollkommene Freiheit und vollkommene Meisterschaft
40. ICH BIN der mächtige Kanal der Gerechtigkeit

Es gibt noch viel mehr ICH BIN Affirmationen, aber diese kurze Übersicht soll Ihnen einen Eindruck verschaffen, worum es geht, nämlich zu erkennen und anzunehmen, dass Sie als göttliches Wesen immer Herr Ihres Lebens sind und sein werden, ausgestattet mit der Kraft, alles so zu gestalten und zu manifestieren, wie Sie es möchten, wenn sie denken, glauben, fühlen und erkennen, dass Sie es sind.

16.8. Danke in der Bibel

In Band 3 zu "Omniatherapie - Gesundheit & Glück durch Verstehen & Versöhnung" führe ich etwa 20 Seiten lang Bibel-Zitate auf, die alle etwas mit glauben und vertrauen zu tun haben, z.B. "Der Glaube versetzt Berge".

In dem Buch, das Sie in den Händen halten, geht es zwar auch um die Punkte Glauben und Vertrauen, aber mein Ziel ist es, Ihnen eine klare Perspektive aufzuzeigen, wie Sie sich positiv fokussieren und ausrichten können, indem Sie für alles "DANKE" sagen. Ich zitiere deshalb ein paar ausgesuchte Bibelstellen aus dem Neuen Testament (Schlachterbibel 2000), in welchen es um das "Danken" geht.

> Joh 11,41 Da hoben sie den Stein weg, wo der Verstorbene lag. Jesus aber hob die Augen empor und sprach: Vater, ich danke dir, dass du mich erhört hast.

> 1Kor 10,30 Und wenn ich es dankbar genieße, warum sollte ich gelästert werden über dem, wofür ich danke?

> Kol 1,3 Wir danken dem Gott und Vater unseres Herrn Jesus Christus, indem wir allezeit für euch beten,

> 2Thess 1,3 Wir sind es Gott schuldig, allezeit für euch zu danken, Brüder, wie es sich auch geziemt, weil euer Glaube über die Maßen wächst und die Liebe jedes Einzelnen von euch zunimmt allen gegenüber,

> Offb 11,17 und sprachen: Wir danken dir, o Herr, Gott, du Allmächtiger, der du bist und der du warst und der du kommst, dass du deine große Macht an dich genommen und die Königsherrschaft angetreten hast!

Es geht mir bei der Auflistung der fünf Bibelstellen nicht darum, die Bibel in den Vordergrund zu rücken. Es muss jeder für sich selbst entscheiden, dieses "Buch der Bücher" zu lesen oder auch nicht. Mir geht es nur darum, aufzuzeigen, dass das Thema "Danken" an vielen Stellen auftaucht.

16.9. Evolution oder Wunder?

Haben Sie eine Idee, wie kompliziert bereits dieser Einzeller aufgebaut ist? Die Menschen können, wenn sie es wollen, auf jedem Kontinent ein Space-Shuttle oder Atomkraftwerke bauen, die heute als das Nonplusultra der technischen Herausforderungen angesehen werden, aber kein Forscherteam der Welt ist in der Lage, einen Einzeller zu konstruieren. Haben Sie hierüber schon mal nachgedacht?

Es wird stattdessen als Riesenerfolg gefeiert, wenn ein Labor aus einer Zellenart (Stammzellen) eine andere Zellenart erwachsen lassen kann. Und dies immer vor dem Hintergrund, dass die Zellen dies selbst tun müssen, Menschen können keine Zellen "zum Leben" erwecken.

Nun hört man als vermeintliches Gegenargument, dass die Natur Millionen und Abermillionen von Jahren Zeit hatte, aus lebloser Materie einen lebenden Organismus entstehen zu lassen. Vergessen wird dabei, dass dieser lebende Organismus so unfassbar kompliziert aufgebaut ist, dass nur eine einzige Veränderung, z.B. an der DNA des Antriebs (Geißeln), das Lebewesen zum Tode verurteilt.

Die Frage müsste deshalb eher lauten:

- Ist nicht alles ein Wunder?

Die meisten Menschen halten heute so Vieles für selbstverständlich, selbst das Leben an sich. Ich möchte diesen Gedanken hinterfragen. Beginnen wir deshalb mit der Frage, was Leben eigentlich ist:

Das Wort Leben bezeichnet zum einen die Organisations- bzw. Prozessform, die allen Lebewesen gemeinsam ist und die sie von lebloser Materie unterscheidet. Zum anderen bezeichnet es die Gesamtheit der Lebewesen in einem abgegrenzten Gebiet.

Was Leben bzw. ein Lebewesen ist, wird – in der modernen Biologie wie schon bei Aristoteles – nicht über einzelne Eigenschaften, einen bestimmten Zustand oder eine spezifische Stofflichkeit definiert, sondern über eine Menge von Aktivitäten, die zusammengenommen für Leben bzw. Lebewesen charakteristisch und spezifisch sind. Als diese Aktivitäten werden üblicherweise genannt:

- Energie- und Stoffwechsel und damit Wechselwirkung mit ihrer Umwelt.
- Organisiertheit und Selbstregulation (Homöostase).
- Reizbarkeit, das heißt sie sind fähig, auf chemische oder physikalische Änderungen in ihrer Umwelt zu reagieren.
- Fortpflanzung, das heißt, sie sind zur Reproduktion fähig.
- Vererbung, das heißt, sie können Informationen (Erbgut) an ihre Nachkommen übermitteln.
- Wachstum und damit die Fähigkeit zur Entwicklung.

Ein System als solches erreicht noch nicht die Stufe des Lebens, da auch unbelebte Zusammenschlüsse

> einzelner Einheiten zu höheren Einheiten über mehrere Stufen hinweg vorkommen.[17]

Ich möchte meine Einstellung zur Evolutionstheorie und zum Schöpfungsgedanken an einem Einzeller erläutern.

> Flagellaten (lateinisch flagellum ‚Peitsche, Geißel') sind eine Gruppe einzelliger, eukaryotischer Lebewesen, die peitschenähnliche Zellfortsätze besitzen. Die ältesten fossilen Funde stammen aus dem Perm (Ordnungen Peridiniina und Coccolithoporida).
>
> Flagellaten verfügen über eine einzige bis zu Tausenden namensgebender Flagellen (Geißeln), deren Primärfunktion in der Fortbewegung besteht, daneben können sie zum Herbeistrudeln von Nahrungspartikeln und Verankern am Substrat dienen.

Die Makroevolution erklärt die Entwicklung der Lebewesen von einer Art zur anderen mit dem Konzept der Mutation und der Auslese, das stärkere Individuum überlebt. Dies müsste aber im Umkehrschluss heißen, dass es vor dem Geißeltierchen (Einzeller) eine Form von Einzellern mit etwas anderer DNA gegeben haben muss, die etwas weniger überlebensfähig waren und dementsprechend gegenüber den Geißeltierchen im Nachteil waren. Es wurden aber keine Einzeller mit nur leicht veränderter DNA gegenüber den Geißeltier-

[17] https://de.wikipedia.org/wiki/Leben

chen gefunden. Jede minimale Veränderung führt zur sofortigen Nichtlebensfähigkeit. Woraus soll sich dann ein Geißeltierchen entwickelt haben?

Ich möchte an dieser Stelle deutlich machen, dass ich die Evolutionstheorie sehr wohl befürworte und nachvollziehen kann, aber nur im Bereich der Mikroevolution, nicht im großen Feld der Makroevolution. Aus der Verschmelzung von zwei Hunde-DNA´s wird immer wieder ein, wenn auch ein leicht veränderter. Hund entstehen, nicht jedoch ein Vogel. Innerhalb der Arten gibt es seit Jahrmillionen Anpassungen, die Spezifikationen helfen beim Überleben. Aber dass sich aus einem Fisch mit Kiemen spontan (wenn auch über viele Generationen hinweg) ein Vogel mit Lungen und Flügeln gebildet hat, halte ich für eine abstruse Idee.

Ein Beispiel aus der Pflanzenwelt, für welche die Darwin´sche Idee natürlich genauso gelten "müsste".

> Heute existieren etwa 375 000 Pflanzenarten auf der Erde. Die meisten haben sich nicht wesentlich in der Form verändert, wie sie zuerst im Fossilbericht erschienen sind. Der Genetiker und Biologe Jerry Bergman merkt an: „Für die Neodarwinisten stellt das völlige Fehlen von Belegen für eine Evolution der Pflanzen im Fossilbericht ein großes Problem dar. Insgesamt sind die Fossilienbelege über prähistorische Pflanzen eigentlich sehr gut, es wurden aber keine überzeugenden Übergangsformen im ergiebigen Fossilbericht der Pflanzen entdeckt" („The Evolution of Plants: A Major

> Problem for Darwinists", Technical Journal, 2002, Hervorhebungen durch uns).[18]

Wer jetzt an dieser Stelle das Buch aus der Hand legen möchte, weil er denkt, dass ich ganz offenbar nicht in der Schule aufgepasst habe, dem möchte ich ein Zitat von Charles Darwin mit auf den Gedankenweg geben:

- Nichts in der Geschichte des Lebens ist beständiger als der Wandel.

Ich bin zwar u.a. auch Naturwissenschaftler, aber offen für eine neue Sichtweise, die dem derzeitigen "wissenschaftlichen Stand" so gar nicht zu entsprechen scheint. Und Sie?

16.10. Die Alternative zur Evolution

Wie gesagt, halte ich die Mikroevolution für absolut nachvollziehbar und praktisch bewiesen. Lebewesen entwickeln sich weiter, sie werden widerstandsfähiger, schneller, robuster usw., um sich in der Konkurrenz von "fressen und gefressen werden" behaupten zu können. Ich bin lediglich kein Befürworter der Makroevolution, wozu u.a. gehört, dass das Leben "durch Zufall" entstanden ist, z.B. ein Einzeller wie das Geißeltierchen.

[18] https://www.gutenachrichten.org/ARTIKEL/gn10ma_art3.htm

Was ergibt sich aber unweigerlich aus der Überzeugung, dass das Leben nicht durch Zufall entstanden ist? Ganz einfach, es muss einen Schöpfer geben, wobei ich wirklich beim besten Willen nicht erklären kann, wie das Universum aufgebaut und das Leben an sich entstanden ist. Ich akzeptiere jedoch, dass es Dinge zwischen Himmel und Erde gibt, die für unser Auffassungsvermögen "zu hoch" sind und beschränke mich auf das, was sich für uns als menschliche Wesen daraus zu ergeben scheint.

Ich bin zutiefst davon überzeugt, dass es "etwas" gibt, das wir das Eine, die Quelle, den Schöpfer oder wie auch immer nennen, von dem wir "abstammen" und zu dem wir "zurückfinden". Darum stellt sich für mich nicht die Frage, ob es eine Alternative zur Makroevolution, zum zufälligen Entstehen von Leben, gibt. Es gibt für mich nur diese Alternative.

Das Gute an meiner Überzeugung ist, dass sich auch nicht die Frage stellt, ob es Wunder gibt, denn alles ist ein Wunder. Und wenn es stimmt, wie ich hergeleitet habe, dass wir alle durch unser Denken, Glauben, Fühlen und Sein für unser Leben und unser Erleben verantwortlich sind, dann gibt es natürlich auch das, was man gemeinhin als "Wunder" bezeichnet, nämlich wissenschaftlich nicht erklärliche Ereignisse und Umstände, wie z.B. Spontanheilungen.

16.11. Wunder zulassen

Was man aber tun "muss", um Wunder zu erleben, ist, man muss sie zulassen:

> Lieber Gott, bitte lass mich im Lotto gewinnen."
> Am nächsten Tag betet er wieder: "Herr, bitte mach, dass ich im Lotto gewinne."
> So geht das Tag für Tag. Nach einem Jahr betet der Mann immer noch: "Lieber Gott, bitte lass mich auch mal im Lotto gewinnen."
> Nichts passiert.
> Der Mann betet tapfer weiter, dann erhellt sich plötzlich der Raum und eine tiefe, laute Stimme spricht zu ihm: "Lieber Mann, gib mir eine Chance, kauf Dir endlich einen Lottoschein!"

Diese kleine Geschichte ist ein Schmunzeln wert, wird aber tatsächlich in abgewandelter Form Millionenfach gelebt.

Wie oft haben Sie selbst oder jemand, den Sie kennen, schon Dinge gedacht wie z.B.

- "Ich will im Lotto gewinnen." und kurz darauf "Ach, das klappt sowieso nicht."

- "Ich will dieses oder jenes." und kurz darauf "Eigentlich habe ich das nicht verdient."

- "Ich will die Prüfung bestehen." und kurz darauf "Ich falle bestimmt durch."

- "Ich will einen guten Job." und kurz darauf "Womöglich bin ich nicht schlau genug."

Wenn man sich mit seinen eigenen Gedanken selbst Hindernisse aufbaut, wie soll es dann möglich sein, dass ein "Wunder" Realität wird?

16.12. Sind Sie ein Opfer?

Eine sehr provokante Frage, aber absolut berechtigt. Interessanterweise sehen sich nämlich sehr viele Menschen als Opfer, auch wenn sie es nicht so knallhart ausdrücken würden und bei dieser Beschreibung ihrer Lebenseinstellung widersprechen.

Wie oft habe ich schon Sätze gehört wie z.B.

- "Ich konnte nicht die richtige Schule besuchen, darum ..."
- "Ich konnte nicht studieren, weil ..."
- "Ich musste den nächstbesten Job annehmen, weil ..."
- "Ich kann nicht da wohnen, wo ich gerne möchte, weil .."
- Ich kann nicht kündigen und mich selbständig machen, weil ...".

Ich könnte diese Liste wirklich seitenweise fortsetzen. Fast alle Menschen suchen sich Gründe, warum irgendetwas nicht geht, im Außen, in den Umständen, in vorgegebenen Rahmenparametern. Sie sind "Opfer der Umstände".

Was für ein Unfug. Ich muss es so deutlich sagen. Wer dieses Buch aufmerksam gelesen hat, weiß, dass es nur darum geht, was man denkt, glaubt, fühlt und ist (verkörpert). Wenn man davon überzeugt ist, ein erfolgreicher Buchautor werden zu können, dann ist das absolut möglich. Und zwar völlig unabhängig von der Ausgangssituation.

Die Frage ist, ob man sich damit zufrieden geben will "Opfer der Umstände" zu sein oder ob man bereit und willens ist, dieses "Opferdenken" abzulegen, das Heft des Handelns in die Hand zu nehmen und seine Lebenskarten selbst neu zu mischen.

Wie sieht es mit Ihnen aus? Empfinden Sie sich als Opfer? Möchten Sie womöglich weiterhin ein Opfer sein? Oder finden Sie mit dem Lesen dieses Buches immer mehr den Mut, Ihr Leben anzunehmen, Ihre Rahmenbedingungen nach Ihren Vorstellungen zu gestalten und Ihr Schicksal zu kreieren, so wie Sie das möchten?

Ich weiß etwas sehr genau: Sie können alles, was Sie unbedingt wollen, Sie müssen es nur T U N.

16.13. Das fiktive Gottgespräch

Ich möchte Ihnen eine fiktive Geschichte erzählen, ein Gespräch zwischen Gott und einem Menschen, der die Verantwortung im Außen sucht und sein Leben nicht so gestaltet, wie er das eigentlich möchte, weil er nicht erkannt hat und weiß, dass er selbst alles gestaltet, egal ob es ihm so gefällt oder nicht. Nennen wir Gottes Gesprächspartner "ICH", vielleicht kann sich der eine oder andere Leser damit in die Situation hineinfühlen.

ICH	Hallo Gott, ich bin so enttäuscht von Dir.
GOTT	Ok, sag mir, warum ...
ICH	Weißt Du, Gott, als ich auf die Welt gekommen bin, bin ich in eine Familie hineingeboren worden, in der sich meine Eltern oft gestritten hatten. Dazu hatten weder meine Mutter, noch mein Vater Zeit für mich. Von Liebe keine Spur. Du hättest mir andere Eltern geben können.
GOTT	Ok, das klingt wirklich nicht gut. Und weiter?
ICH	Als ich in die Grundschule gekommen bin, hatte ich keine Chance auf gute Noten. Niemand hat mit mir geübt. Du hättest dafür sorgen können, dass mir jemand bei den Hausaufgaben hilft. Dann wäre etwas aus mir geworden.
GOTT	Hmmmm. Und dann?
ICH	Ich konnte wegen meiner schlechten Noten kein Gymnasium besuchen und somit kein Abitur machen. Dadurch hatte ich keine Chance auf einen Studienplatz. Du bist schuld, dass ich nicht studieren konnte.

GOTT	Ok, auch das ist natürlich nicht schön. Was wirfst Du mir weiterhin vor?
ICH	Weil ich nicht studieren konnte, musste ich eine Ausbildung machen. Ich habe genommen, was ich kriegen konnte, aber das war doof, darum habe ich damit aufgehört. Du hättest mich zu einem tollen Ausbildungsplatz führen können.
GOTT	Ok, was hast Du dann gemacht?
ICH	Ich habe eine zweite und eine dritte Ausbildung begonnen. Die dritte habe ich mit Ach und Krach beendet, aber danach keinen vernünftigen Job gefunden, weil alle Chefs doof waren. Du hättest mir einen Job "schicken" können, der mir Spaß gemacht hätte.
GOTT	Oje, und dann, was hast Du dann gemacht?
ICH	Nun, da ich keinen vernünftigen Job hatte, habe ich mal dies und mal jenes gemacht. Irgendwie hatte ich zu nichts Lust. Und dann, praktisch aus heiterem Himmel, war Julian, mein Sohn, da, d.h. das Geld wurde noch knapper. Du hättest dafür sorgen können, dass kein Kind kommt, sondern ich erstmal ordentlich Geld verdiene.
GOTT	Ein Kind ist ein Geschenk, aber sprich weiter, woran ich noch schuld bin.
ICH	Nachdem Julian da war, kam dann auch, gleichfalls aus heiterem Himmel, Anke. Das hat uns noch mehr eingeschränkt und belastet. Du hättest dafür sorgen können, dass kein zweites Kind kommt, sondern wir z.B. im Lotto gewinnen.
GOTT	Aha, ein Lottogewinn wäre die Lösung gewesen. Was ist stattdessen passiert?

ICH	Nun, nachdem wir so sehr mit dem Geld "knapsen" mussten, lag viel Streit in der Luft. Die logische Folge war die Trennung. Du bist schuld, weil diese Trennung nur gekommen ist, weil zu wenig Geld da war.
GOTT	Ok, verstanden. Was hast Du nach der Trennung gemacht, woran ich schuld bin?
ICH	Ich hatte nicht viele Möglichkeiten. Ich musste nehmen, was sich anbot. Gelegenheitsjobs, erst kleinere Diebstähle, dann wurde es mehr. Irgendwann wurde ich erwischt und musste ins Gefängnis. Du bist schuld, denn Du hättest mich vor dem Gefängnis bewahren können.
GOTT	Aha, und wie sieht es jetzt aus, woran ich schuld bin?
ICH	Aktuell sitze ich im Gefängnis, starre die Wand an und kann nichts tun. Mein ganzes Leben lang stand ich auf der Verliererseite, ich hatte nie eine Chance und werde auch nie eine Chance haben. Ich bin ein Opfer Deines Systems. Und Du bist an allem schuld.
GOTT	Ok, ich verstehe Deine Sichtweise. Darf ich Dir zu den einzelnen Punkten etwas sagen. Mal schauen, ob man das Ganze unter einem anderen Blickwinkel betrachten kann. Ist das ok für Dich?
ICH	Na klar, aber ich wüsste nicht, an welcher Stelle man das Ganze unterschiedlich betrachten könnte. Du bist für alles verantwortlich, ich bin nur Dein Opfer. Warum hast Du das alles zugelassen?

GOTT Ok, dann lass uns mal Punkt für Punkt durchgehen. Fangen wir an mit Deiner Geburt. Weißt Du, dass sich jede Seele bei ihrer Inkarnation aussucht, in welche Familie sie geboren werden möchte, um genau das zu lernen, was sie lernen möchte?

ICH Wie? Ich habe mir meine Eltern ausgesucht? Warum hätte ich das tun sollen?

GOTT Nun überlege mal. Was haben Dir Deine Eltern vorgelebt und beigebracht, was Dich als Seele jetzt weiterbringt?

ICH Hmm, in erster Linie habe ich gelernt, dass es wichtig ist, Liebe und Geborgenheit zu schenken, insbesondere den eigenen Kindern. Allerdings hat es nicht geklappt, ansonsten wäre ich noch verheiratet und hätte meine Kinder um mich.

GOTT Nicht so schnell. Du hast also bei Deinen Eltern gelernt, insbesondere zu Deinen Kindern fürsorglich und liebevoll zu sein, weil Dir das sehr gefehlt hat. Das erscheint mir etwas Besonderes. Würdest Du das nicht auch so sehen?

ICH Ja, schon, aber trotzdem ... die Schule usw. ...

GOTT Kurz zu Deinen Eltern, da Du in diesem Punkt etwas falsch in Erinnerung hast. Deine Eltern hatten nicht so viel Zeit, weil sie den ganzen Tag gearbeitet haben, um Euch als Familie gut zu versorgen. Stimmt das?

ICH Ja, das stimmt.

GOTT Ok, habt Ihr an Wochenende Zeit miteinander verbracht? Waren vielleicht Deine Großeltern zusätzlich für Euch da?

ICH	Jaja, aber ...
GOTT	Dieses "Aber" werde ich noch häufiger von Dir höre, befürchte ich.
ICH	Hmm, ich muss das erstmal "sacken" lassen.
GOTT	Ok, Du wirfst mir vor, dass ich nicht dafür gesorgt habe, dass Dir jemand in der Grundschule bei den Hausaufgaben hilft. Richtig?
ICH	Richtig.
GOTT	Ok. Du hast da etwas falsch in Erinnerung. Als Du in der Grundschule warst, habe ich für Dich, damit etwas aus Dir werden kann, bei mehreren Eltern die Idee wachsen lassen, freiwillig und ohne Bezahlung Förderunterricht anzubieten. Somit gab es Fördergruppen, in denen gute Schüler und deren Eltern etwas schlechteren Schülern geholfen haben, z.B. lesen und schreiben zu lernen. Das war meine Idee für Dich. Kannst Du Dich daran erinnern?
ICH	Ja, aber da bin ich nicht hingegangen. Ich wollte Fußball spielen, das machte mehr Spaß. Und meine Eltern, die unbedingt wollten, dass ich diese Förderstunden besuchte, habe ich ausgelacht.
GOTT	Ok, wer hat also die Entscheidung getroffen, nicht diese Förderstunden zu besuchen und auf diesem Wege alles zu lernen, um ein Gymnasium besuchen zu können?
ICH	Ich, aber ...
GOTT	Jetzt bin ich auf Dein "Aber" gespannt.
ICH	Ja, aber, denn Fußball macht eben mehr Spaß, als zu lernen. Hätte ich damals gewusst, wie wichtig

es sein würde, zu lernen, hätte ich es vielleicht getan.

GOTT Vielleicht? Aha, selbst heute fällt Dir nicht mehr ein, als ein "Vielleicht". Aber schauen wir weiter, ok? Eventuell siehst Du das nach unserem Gespräch anders.

ICH Ok.

GOTT Du hast mir weiterhin vorgeworfen, ich wäre schuld daran, dass Du kein Abitur machen und demzufolge nicht studieren konntest. Korrekt?

ICH Ja, das ist ja auch so.

GOTT Ok, dann möchte ich Dich daran erinnern, dass ich Dir während Deiner Schulzeit jede Menge Hinweise geschickt habe, wie Du doch noch Abitur machen könntest.

ICH Hinweise? Ich weiß nichts von Hinweisen.

GOTT Nun, ich kam auf die Idee, Dir einen besten Freund zu schicken, der von der gleichen Schule, auf der Du warst, auf ein Gymnasium gewechselt ist. Ich habe ihm "eingegeben", Dich zu animieren, Nachhilfestunden bei ihm zu nehmen, damit Du auf die gleiche Schule wechseln und auch Abitur machen kannst. Kannst Du Dich daran erinnern?

ICH Na klar, das war eine tolle Zeit, aber warum sollte ich das Angebot meines besten Freundes für Nachhilfe annehmen? Wir hatten Besseres zu tun, z.B. um die Häuser zu ziehen.

GOTT Nachdem meine Idee, Dir einen besten Freund für die Nachhilfe zu schicken, nicht funktioniert hat, hatte ich eine andere Idee. Ich schickte Deinen Eltern einen Gutschein für eine kostenlose

	Nachhilfe bis zum Abitur. Und was hast Du gemacht?
ICH	Das musst Du verstehen. Als meine Eltern mir vorgeschlagen haben, mich bis zum Abitur mit Nachhilfestunden zu unterstützen, war das für mich unmöglich. Zum einen hätte ich fast jeden Tag eine Stunde extra lernen müssen, zum anderen war es total cool, in der Clique abzuhängen.
GOTT	Ok, Du gibst aber zu, dass Du die Möglichkeit gehabt hättest, Abitur zu machen, wenn Du bereit gewesen wärst, etwas mehr zu lernen?
ICH	Ja, aber ....
GOTT	Da haben wir wieder das altbekannte "Aber". Lass uns nun den nächsten Punkt unter die Lupe nehmen, ok?
ICH	Ok.
GOTT	Nachdem Du also auf Grund Deine Weigerung, etwas mehr zu lernen, kein Abitur machen und deshalb nicht studieren konntest, hast Du eine erste Ausbildung gemacht, die Dir keinen Spaß gemacht hat. Korrekt?
ICH	Korrekt.
GOTT	Ok, wenn ich mich richtig erinnere, und ich erinnere mich üblicherweise immer richtig, wurde Dir nach der Schule das Angebot gemacht, einen Ausbildungsberater aufzusuchen. Ich dachte nämlich, das würde eine gute Idee für Dich sein, weil Du nach meiner Einschätzung gar nicht wusstest, was das richtige für Dich ist, was Dir wirklich Spaß macht.

ICH	Achja, die Einladung zur Ausbildungsberatung, daran erinnere ich mich. Was sollte der mir schon sagen, was ich nicht selbst wusste? Für mich war die Idee, einen Ausbildungsberater aufzusuchen, dummes Zeug. Ich war alt genug und wusste ganz genau, was ich machen wollte.
GOTT	Und das war?
ICH	Ganz einfach, ich wollte Arzt werden, reich und berühmt und mit wenig Aufwand viel Geld verdienen.
GOTT	Das hat nicht so prima geklappt, oder?
ICH	Bitte mache Dich nicht über mich lustig. Ich weiß selbst, dass ich kein Arzt geworden bin, sondern stattdessen im Gefängnis sitze.
GOTT	Ich mache mich nicht über Dich lustig. Ganz im Gegenteil würde ich so etwas niemals tun. Ich wollte nur darauf hinweisen, dass Dein Ziel, als Arzt reich und berühmt zu werden, nicht prima geklappt hat, ja gar nicht klappen konnte.
ICH	Wieso?
GOTT	Fällt Dir hierzu etwas ein, wenn ich die Stichworte "lernen", "Abitur" und "studieren" gebe?
ICH	Ok, das stimmt natürlich.
GOTT	Siehst Du. Wenn Du also genau wusstest, dass Du kein reicher und berühmter Arzt werden konntest, wäre es nach meiner Einschätzung eine zielführende Idee gewesen, den Ausbildungsberater aufzusuchen, dessen Einladungskarte ich initiiert habe.
ICH	Ok, im Nachhinein ist man immer schlauer.

GOTT	Mag sein, aber wer ist nun verantwortlich für die Entscheidung, ohne Ausbildungsberatung die nächstbeste Lehrstelle angenommen zu haben.
ICH	Ich, aber ...
GOTT	Und schon wieder ein "Aber". Hört das denn nie auf?
ICH	Es fällt mir halt etwas schwer, anzuerkennen, dass Du in den bisherigen Punkten Recht hast. Aber nicht bei den weiteren Vorwürfen.
GOTT	Ok, dann schauen wir weiter. Einverstanden?
ICH	Ja.
GOTT	Du wirst mir vor, dass Du nach Deiner dritten Ausbildung, die Du, wie Du selbst sagst, nur mit Ach und Krach bestanden hast, nur Jobs mit doofen Chefs gefunden hast. Stimmt das?
ICH	Ja, das stimmt, und das kann ich auch belegen.
GOTT	Aha, ich bin gespannt. Warum waren die Chefs doof?
ICH	Der erste Chef war doof, weil er allen Ernstes erwartet hat, dass ich jeden Morgen pünktlich um 7 Uhr anfange. Um 7 Uhr. Ist so etwas zu fassen?
GOTT	Ist das eine ungewöhnliche Zeit? Ich bin z.B. 24 Stunden am Tag tätig, und dies seit einigen Milliarden Jahren.
ICH	Das zählt nicht. Für Menschen ist es kaum zuzumuten, an fünf Tagen in der Woche um 7 Uhr auf der Arbeit zu sein.
GOTT	Aha, ich dachte, dass z.B. Bäcker noch viel früher aufstehen. Und übrigens, Ärzte arbeiten teilweise noch länger als 24 Stunden am Stück. Für die

	wäre ein Arbeitstag pünktlich ab 7 Uhr eine Wohltat.
ICH	Mag sein. Für mich ist das aber nichts.
GOTT	Ok, lag denn die Entscheidung, einen Job zu beginnen, der um 7 Uhr morgens beginnt, bei Dir? Oder war der Chef doof, dass er, ohne dass Du es wissen konntest, so etwas "Unmögliches" einforderte?
ICH	Nein, das wusste ich natürlich vorher, der Chef konnte daran nichts ändern. Ok, der war nicht doof, aber der zweite Chef schon.
GOTT	Ok, warum war der zweite Chef doof.
ICH	Als ich meinen zweiten Job angetreten bin, war ich guter Dinge. Ich musste nur von 9 Uhr bis 18 Uhr vor Ort sein und konnte sogar Pausen zwischendurch machen.
GOTT	Na, das klingt doch gut. Was war das für ein Job?
ICH	Ich habe in einem Callcenter gearbeitet. Ich musste Anrufe entgegennehmen und die Anrufer in Bezug auf verschiedene Produkte beraten.
GOTT	Das klingt doch nach einem Job, der Spaß machen kann.
ICH	Jaja, die erste Zeit schon, aber irgendwann wurde es etwas eintönig. Dann fällt es irgendwann schwer, immer nett und freundlich zu sein.
GOTT	Und dann?
ICH	Naja, ich wurde entlassen, weil ich die Anrufer angepöbelt habe.
GOTT	Ok, und daran war Dein zweiter Chef schuld.
ICH	Ach, mein Gott, natürlich nicht, aber das war jetzt der letzte Punkt, bei welchem Du Recht hast.

GOTT	Als nächstes wirfst Du mir vor, dass Du aus heiterem Himmel einen Sohn in die Arme schließen durftest
ICH	Ja, und zwar weil dadurch das Geld noch knapper wurde.
GOTT	Ok, weißt Du wie Kinder gezeugt werden? Hast Du schon mal etwas von Sex gehört?
ICH	Blöde Frage, natürlich.
GOTT	Ok, worüber regst Du Dich auf? Es war Deine Entscheidung, oder? Und ich erinnere an die Hinweise, die ich Dir vorsorglich geschickt habe.
ICH	Hinweise? Welche Hinweise nun schon wieder?
GOTT	Erinnerst Du Dich an die Kondom-Werbung, die praktisch jeden Tag im Fernsehen lief? Immer wenn Du die Zeitung aufgeschlagen hast, hast Du eine Werbung zum Thema Verhütung gesehen. Gleiches gilt für Radiosendungen und das Internet. Was sollte ich noch tun?
ICH	Hupps, das stimmt, ich erinnere mich. Mir ging es schon ziemlich auf den Geist, durch Zufall immer mit dem gleichen Thema konfrontiert zu werden.
GOTT	"Durch Zufall"? Es gibt keine Zufälle.
ICH	Das glaube ich inzwischen auch.
GOTT	Ok, weiter im Text. Dann kam Anke, anstatt eines Lottogewinns, Richtig?
ICH	Ja, richtig, ein Lottogewinn hätte alles verändert.
GOTT	Ok, warum Anke gekommen ist, muss ich jetzt aber nicht erklären, oder?
ICH	Nein, aber der Lottogewinn hätte alles zum Guten gewendet.

GOTT	Ok, ein Lottogewinn. Weißt Du, wie viele Menschen jeden Tag dafür beten, im Lotto zu gewinnen?
ICH	Nein, keine Ahnung.
GOTT	Nun, dann geh mal von mindestens 1 Milliarde Menschen aus. Was passiert, wenn jeder im Lotto gewinnt, abgesehen davon, dass alle die gleichen Zahlen tippen müssten, um gleichzeitig zu gewinnen?
ICH	Was soll passieren?
GOTT	Das Ergebnis wäre, dass jeder noch rund 50 Cent gewinnen und erhalten würde. Nicht viel, oder?
ICH	Ok, dann lassen wir das mit dem Lottogewinn.
GOTT	Gut, als nächstes wirfst Du mir vor, dass ich schuld an Deiner Trennung bin und die Kinder ohne Dich aufwachsen?
ICH	Ja, genau.
GOTT	Ich kann mich erinnern, dass ich fünf Partnerberatungsstellen dahingehend beeinflusst habe, Euch eine kostenlose Partnerberatung anzubieten, weil ich schon habe kommen sehen, was dann Realität wurde.
ICH	Stimmt. Wir erhielten mit einmal wochenlag täglich Briefe mit einer Einladung zu einer kostenlosen Partnerberatung. Das haben wir nicht verstanden, es nervte uns. Wir wussten schließlich selbst am besten, was gut für uns war.
GOTT	Das war der Grund, warum Ihr alle Einladungen ausgeschlagen habt?
ICH	Ja
GOTT	Habt Ihr es allein besser gewusst?

ICH	Nein, aber ...
GOTT	Da ist es wieder. Das immer wieder neue "Aber".
ICH	Das alles hat aber nichts damit zu tun, dass Du dafür sorgen musstest, dass ich im Gefängnis sitze und versauere.
GOTT	Also bin ich schuld?
ICH	Natürlich, das sagte ich doch. Wer sonst?
GOTT	Ok, dann schauen wir uns mal an, was nach Deiner Trennung passierte. Du hast angefangen zu klauen, obwohl ich jedes Mal, wenn Du das Radio angemacht hast, einen Polizeibericht ablaufen ließ, der darauf hinwies, wie hoch inzwischen die Aufklärungsrate bei Diebstählen ist.
ICH	Na und, das heißt doch nicht, dass man mich unbedingt erwischen musste. Das hättest Du verhindern können.
GOTT	Was wäre passiert, wenn ich dafür gesorgt hätte, dass Du nicht erwischt wirst?
ICH	Nun, ich hätte sicher immer größere Diebstähle versucht.
GOTT	Und dann?
ICH	Früher oder später hätte es schlimm enden können, das ist wahr.
GOTT	Siehst Du. War es nun gut, dass man Dich relativ früh erwischt hat, ohne dass ein Mensch wirklich ernsthaft zu Schaden gekommen ist?
ICH	Ja, Du hast Recht.
GOTT	Bleibt nun noch etwas von Deiner Vorwürfen?
ICH	Am liebsten wäre es mir, das alles wäre nicht passiert und ich hätte nochmal die Chance, ganz von vorne zu beginnen?

GOTT	Was hindert Dich?
ICH	Hmmmmm ... eigentlich hast Du Recht. Wenn ich schon im Gefängnis sitze, dann könnte ich die Zeit sinnvoll nutzen und das Abitur nachmachen. Genug Zeit zum Lernen habe ich und Unterstützung gibt es bestimmt auch, wenn man danach fragt.
GOTT	Ein guter Anfang.
ICH	Wenn ich dann aus dem Gefängnis komme, könnte ich doch noch studieren. Ich bin nicht zu alt. Und ich weiß, dass der Staat finanzielle Hilfen anbietet.
GOTT	Und dann?
ICH	Während des Studiums kann ich meine alte Familie aufsuchen und zeigen, dass ich mich geändert habe. Vielleicht nehmen sie mich wieder auf?
GOTT	Ganz sicher sogar, das kann ich Dir jetzt schon versprechen.
ICH	Und wenn ich fertig studiert habe, wer weiß, welche Chancen sich dann ergeben.
GOTT	Allmählich verstehst Du es. Dir steht die ganze Welt offen, wenn Du es nur für möglich hältst und an uns, also Dich und mich, glaubst. Vertrauen ist alles.
ICH	Weißt Du, Gott, ich habe ganz schön viel Glück. Zum einen, weil ich hier bin, wo ich bin, um all das noch zu tun, was mir möglich ist.
GOTT	Stimmt.
ICH	Und zum anderen, dass ich mit Dir über alles sprechen kann und Du immer für mich da bist. Ich

muss nur auf Deine Zeichen achten und sie mir zu Herzen nehmen.

GOTT Du hast es verstanden. Ich werde Immer bei Dir sein, denn ich liebe Dich über alles. Ich werde Dir immer Zeichen schicken. Und wenn Du bereit bist, sie zu erkennen und anzunehmen, wird es Dir immer gut gehen. Versprochen!

Diese Geschichte ist fiktiv. Ich habe sie mir buchstäblich ausgedacht. Irgendwie werde ich das Gefühl nicht los, dass sehr viel Wahrheit darin steckt, inspiriert von ...

16.14. Wie betet man richtig?

In Band III zu "Omniatherapie: Gesundheit & Glück durch Verstehen & Versöhnung" gibt es ein umfangreiches Kapitel zum Thema "Beten". Ich möchte einen kleinen Ausschnitt aufführen.

Die genialen Dinge sind immer einfach. Das gilt sicher auch für das Beten.

➢ "Der Seemann betet nicht um Wind, er lernt segeln."
(Gustaf Lindborg)

Denken Sie beim Gebet nicht an Ihre Schwierigkeiten, sondern ausschließlich an Lösungen. Malen Sie sich Ihre Zielvorstellung möglichst genau aus und visualisieren Sie, was Sie sich wünschen. Nutzen Sie z.B. die Absolutheitstechnik, bei der Sie Namen und Probleme benennen und dann nur noch mit positiven Affirmationen verbinden, sowie Licht und Liebe senden. Erwarten Sie etwas Positives, und verfolgen Sie etwas Gutes. Erwarten Sie „Dein Wille geschehe", und lassen Sie los. Vertrauen Sie, dass was immer geschehen wird, letztendlich gut ist.

Bitten und Glauben ohne Druck. Man kann das Unterbewusste nicht zwingen, ein Problem in einer bestimmten Zeit zu lösen. Dies ist vergleichbar mit Situationen, in denen Sie sich bewusst an den Namen eines Schauspielers oder ähnliches erinnern wollen. Erst das Loslassen hilft, man darf sich nicht anstrengen. Mentaler Druck führt nie zum Erfolg, nur Leichtigkeit und Vertrauen. Überantworten Sie deshalb Ihre Frage oder Ihr Problem Ihrem Unterbewussten und warten Sie vertrauensvoll ab. Denn es gilt:

- "Gesetz der umgekehrten Anstrengung."

Seien Sie stattdessen ein spiritueller und mentaler Magnet, um alles Gute aus allen Quellen anzuziehen. Erfüllen Sie Ihre Seele mit Frieden und Liebe, denn durch Groll, Leid, Missgunst und Verbitterung straft man sich selbst. Denken Sie z.B.

- "Ich weiß, dass Gott in mir wohnt und alle Probleme, Glaubenssätze und Blockaden lösen kann. Ich habe getan, was ich konnte, und überlasse alles Weitere Gott."

David Steindl-Rast (* 12. Juli 1926 in Wien), ein aus Österreich stammender US-amerikanischer Benediktinermönch und spiritueller Lehrer sagte einmal sinngemäß:

- „Solange Du noch weißt, dass Du betest, betest Du nicht richtig."

Und Thomas Aquinas Keating (* 7. März 1923 in New York), ein US-amerikanischer Trappistenmönch (Orden der Zisterzienser der strengen Observanz) und katholischer Priester sagte:

- "Die Sprache Gottes ist die Stille. Alles andere ist eine schlechte Übersetzung".

Wie soll man nun beten? Darauf gibt es keine richtige Antwort. Fragen Sie Gott. Jeder hat seinen eigenen Weg zu beten. Beten Sie so, wie es sich für Sie richtig anfühlt. Aber seien Sie dabei immer dankbar.

16.15. Sie sind soweit, wenn Sie soweit sind

Nicht jeder kann mit dem Gedankenkonzept, dass wir selbst immer für unser Leben verantwortlich sind und jederzeit die Chance haben, das Beste aus unserem Leben zu machen, etwas anfangen. Doch glauben Sie mir:

- Sie sind soweit, wenn Sie soweit sind! Ganz sicher!

Dabei dürfen Sie eines immer glauben. Egal, wie weit Sie sind, egal, wofür Sie sich entscheiden, egal, welche Herausforderung Sie noch vor sich haben, egal, ob Sie glauben, etwas nicht richtig gemacht zu haben, egal ... egal ... egal ... es gilt:

- Sie sind perfekt, so wie Sie sind. Und Sie werden uneingeschränkt und bedingungslos geliebt, so wie Sie sind!

17. Nur Positives denken, ausstrahlen und tun

17.1. Dürfen statt müssen

Sehr häufig höre ich den Satz "wollen ist besser, als müssen". Das stimmt, aber es gibt viele Situationen, in denen es uns Menschen schwerfällt, etwas zu denken oder zu sagen wie:

- Ich will zur Arbeit gehen.
- Ich will noch Essen für die Familie kochen.
- Ich will um 5 Uhr aufstehen.

- Ich will noch den Haushalt machen.

Wenn man diese Sätze sagt oder denkt, wird man unterbewusst sehr häufig auf Gegenwehr stoßen, z.B. "Was rede ich da? Ich will doch gar nicht um 5 Uhr aufstehen."

Eine solche innere Ablehnung führt erst zu Widerspruch, dann zu stress, wonach wiederum Cortisol, das bereits erwähnte Stresshormon, ins Blut ausgeschüttet wird. Im Endeffekt ist es also contraproduktiv "wollen statt müssen" zu denken oder zu sagen.

Ich habe stattdessen immer empfohlen, "dürfen statt müssen" zu denken.

- Ich darf zur Arbeit gehen.
- Ich darf noch Essen für die Familie kochen.
- Ich darf um 5 Uhr aufstehen.
- Ich darf noch den Haushalt machen.

Nun wird z.B. eine Hausfrau womöglich nicht jubilieren, wenn sie weiß, dass sie noch das Essen für die Familie zubereiten "darf", aber der Gedanke "ich darf" ist wesentlich positiver als "ich muss". Vor allem wird er nicht zu einer unterbewussten Abwehrhaltung führen, denn "ich darf" ist für das Unterbewusste völlig in Ordnung, es gibt keinen Grund, dagegen "Widerspruch einzulegen".

Der große Vorteil des "ich darf" ist, damit die eigene Freiheit in den Vordergrund zu rücken und Stress zu vermeiden. Wer Freiheit fühlt, wird positiv reagieren, auf keinen Fall jedoch psychischen Stress empfinden. Somit wird die Ausschüttung von Cortisol vermieden, der Körper und auch die Psyche bleiben entspannt.

Darum lautet meine Empfehlung:

- Vermeiden Sie das Wort "müssen". Denken Sie ausschließlich immer nur "dürfen"

17.2. Die Geschichte von Swabeedoo

Ich möchte Ihnen im Folgenden noch eine Geschichte erzählen, die meine Weltanschauung unterstreicht. Je mehr Sie loben, danken und wertschätzen, desto besser. Es gibt kein Zuviel!

Meine Kinder verdrehen zwar ab und zu die Augen, wenn ich sie besonders lobe oder Ihnen sage, wie lieb ich sie habe, aber das ist eine normale pubertäre Reaktion. In Wirklichkeit fühlen sie sich wohl dabei, "möchten" es aber nicht so zeigen.

Demgegenüber hat meine Überzeugung, dass es richtig und gut ist, möglichst viel Positives zu sagen, bei meiner Frau dazu geführt, dass sie gar nicht genug davon haben kann. Seit fast 25 Jahren hört sie jeden Tag, wie hübsch und wie toll sie ist, wie lieb ich sie habe und welches Glück ich habe, sie an meiner Seite zu wissen. Was meinen Sie? Hat sich dies positiv auf unsere Ehe ausgewirkt oder ist es meiner Frau "zuviel" geworden, jeden Tag in dieser Form gelobt und wertgeschätzt zu werden? Umgekehrt ist es übrigens das gleiche.

Nun zur Geschichte von Swabeedoo

Vor langer, langer Zeit lebten kleine Leute auf der Erde. Die meisten wohnten im kleinen Dorf Swabeedoo und nannten sich Swabeedoo-dahs. Sie waren sehr glücklich und liefen herum mit einem Lächeln bis hinter die Ohren und grüßten jedermann.

Was die Swabeedoo-dahs am meisten liebten, war einander warme weiche Pelzchen zu schenken. Ein jeder trug über seiner Schulter einen Beutel und der Beutel war gefüllt mit weichen Pelzchen. Sooft sich Swabeedoo-dahs trafen, gab gewöhnlich der eine dem anderen ein Pelzchen. Nun ist es besonders schön, jemandem ein warmes weiches Pelzchen zu geben: Es sagt dem anderen, er sei etwas Besonderes, es ist eine Art zu sagen: "Ich mag dich."

Und selbstverständlich ist es sehr erfreulich, ein solches Pelzchen zu bekommen. Wenn man Dir ein Pelzchen anbietet, wenn Du es nimmst und fühlst, wie warm und flaumig es an Deiner Wange ist, und Du es sanft und leicht in Deinen Pelzchenbeutel legst, dann ist es wundervoll. Du fühlst Dich anerkannt und geschätzt, wenn Dir jemand ein weiches Pelzchen gibt, und Du möchtest ihm ebenfalls etwas Schönes tun. Die kleinen Leute von Swabeedoo gaben gerne weiche

Pelzchen und bekamen gerne weiche Pelzchen. Und ihr gemeinsames Leben war ohne Zweifel sehr glücklich und froh.

Außerhalb des Dorfes, in einer kalten, dunklen Höhle, wohnte ein großer grüner Kobold. Er wollte eigentlich nicht alleine wohnen, und manchmal war er einsam. Aber er schien mit niemandem auszukommen, und irgendwie mochte er es nicht, warme weiche Pelzchen auszutauschen. Er hielt es für einen großen Unsinn.

Eines Abends ging der Kobold in das Dorf und traf einen kleinen freundlichen Swabeedoo-dah. "War heute nicht ein schöner Swabeedoo-Tag", sagte die kleine Person lächelnd. "Hier, nimm ein warmes weiches Pelzchen, dieses ist ein besonderes, ich habe es eigens für Dich aufbewahrt, weil ich Dich so selten sehe".

Der Kobold schaute um sich, ob ihm niemand zuhörte. Dann legte er seinen Arm um den kleinen Swabeedoo-dah und flüsterte ihm ins Ohr: "Hör mal, weißt Du denn nicht, dass wenn Du alle Deine Pelzchen weggibst, sie Dir an einem Deiner schönen Swabeedoo-Tage ausgehen?"

Er bemerkte einen erstaunten Blick und Furcht im Gesicht des kleinen Mannes und während der Kobold in den Pelzchenbeutel hineinschaute, fügte er hinzu: "Jetzt würde ich sagen, hast Du kaum mehr als 217 weiche Pelzchen übrig. Sei lieber vorsichtig mit dem Verschenken!" Damit tappte der Kobold auf seinen großen grünen Füßen davon und ließ einen verwirrten und unglücklichen Swabeedoo-dah zurück.

Der Kobold wusste, dass ein jeder der kleinen Swabeedoo-dahs einen unerschöpflichen Vorrat an Pelzchen besaß. Gibt man nämlich jemandem ein Pelzchen, so wird es sofort durch ein anderes ersetzt, so dass einem sein ganzes Leben lang niemals die Pelzchen ausgehen können. Doch der Kobold verließ sich auf die gutgläubige Natur der kleinen Leute - und noch auf etwas Anderes. Er wollte herausfinden, ob es auch in den kleinen Swabeedoo-dahs steckt. Auf diese Weise belog der Kobold den kleinen Mann, kehrte zurück in seine Höhle und wartete.

Es dauerte nicht lange. Der erste, der vorbeikam und der den kleinen Swabeedoo-dah grüßte, war ein guter Freund von ihm, mit dem er schon viele Pelzchen ausgetauscht hatte. Dieser stellte mit Überraschung fest, dass er nun einen befremdenden Blick erhielt, als er seinem Freund ein Pelzchen gab. Dann wurde ihm empfohlen, auf seine abnehmenden Pelzchenvorräte zu achten, und sein Freund verschwand ganz schnell. Jener Swabeedoo-dah bemerkte am selben Abend noch drei anderen gegenüber: "Es tut mir leid, ich habe kein warmes weiches Pelzchen für Dich. Ich muss aufpassen, dass sie mir nicht ausgehen."

Am nächsten Tag hatte sich die Neuigkeit im ganzen Dorf verbreitet. Jedermann hatte plötzlich begonnen, seine Pelzchen aufzuheben. Man verschenkte zwar immer noch welche, aber sehr vorsichtig. "Unterscheide!" sagten sie. Die kleinen Swabeedoo-dahs begannen einander misstrauisch zu beobachten und verbargen ihre Beutel mit den Pelzchen während der Nacht vorsichtigerweise unter dem Bett.

Streitigkeiten brachen aus, wer die meisten Pelzchen hatte, und schon bald begannen die Leute, weiche Pelzchen für Sachen einzutauschen, anstatt sie einfach zu verschenken. Der Bürgermeister von Swabeedoo stellte fest, dass die Zahl der Pelzchen begrenzt sei, rief die Pelzchen als Tauschmittel aus und schon bald zankten sich die kleinen Leute darum, wieviel ein Mahl oder eine Übernachtung im Hause eines jeden kosten soll. Es gab sogar einige Fälle von Raub wegen Pelzchen. An manchen dämmrigen Abenden war man draußen nicht mehr sicher, an Abenden, an denen die Swabeedoo-dahs früher gerne in den Parks und auf den Straßen spazieren gingen und einander grüßten, um sich warme, weiche Pelzchen zu schenken.

Das Schlimmste von allem - an der Gesundheit der kleinen Leute begann sich etwas zu ändern. Viele klagten über Schmerzen in Schulter und Rücken und mit der Zeit befiel mehr und mehr kleine Swabeedoo-dahs eine Krankheit, bekannt als Rückgraterweichung. Sie liefen gebückt umher und (in den schlimmsten Fällen) bis zum Boden gebeugt. Ihre Pelzchenbeutel schleiften sie auf dem Boden. Viele Leute im Dorf fingen an zu glauben, dass das Gewicht des Beutels die Ursache für die Krankheit sei und dass es besser wäre, sie Zuhause einzuschließen. Binnen kurzem konnte man kaum noch einen Swabeedoo-dah mit einem Pelzchenbeutel antreffen.

Zuerst war der Kobold mit dem Ergebnis seiner Lüge zufrieden. Er hatte herausfinden wollen, ob die kleinen Leute auch so handeln und fühlen würden wie er, wenn er selbstsüchtige Gedanken pflegte - und er fühlte sich erfolgreich, so wie die Dinge liefen. Wenn er nun in das Dorf kam, grüßte man ihn nicht länger mit einem Lächeln und bot ihm keine weichen Pelzchen an. Stattdessen starrten ihn die Leute misstrauisch an, so wie sie auch einander selbst anstarrten. Und ihm war es auch lieber so. Für ihn bedeutete dies, der Wirklichkeit ins Auge zu schauen. "So ist die Welt", pflegte er zu sagen.

Mit der Zeit ereigneten sich aber schlimmere Dinge. Vielleicht wegen der Rückgraterweichung, vielleicht deshalb, weil ihnen niemals jemand ein weiches Pelzchen gab (wer weiß es?), starben einige der kleinen Leute. Nun war alles Glück aus dem Ort Swabeedoo verschwunden - und es wurde das Dahinscheiden seiner kleinen Bewohner betrauert.

Als der Kobold davon hörte, sagte er zu sich selbst: "Mein Gott, ich wollte ihnen nur zeigen, wie die Welt wirklich ist. Ich habe ihnen nicht den Tod gewünscht!" Er überlegte, was man jetzt machen könnte, und er erdachte einen Plan.

Tief in seiner Höhle hatte der Kobold eine geheime Mine mit kaltem, stacheligen Gestein entdeckt. Er hatte viele Jahre damit verbracht, die stacheligen Steine aus dem Berg zu graben, denn er liebte deren kaltes und prickeliges Gefühl, und er blickte gern auf den wachsenden Haufen kalter stacheliger Steine, im Bewusstsein, dass sie alle ihm gehörten. Er entschloss sich, sie mit den kleinen Swabeedoo-dahs zu teilen. So füllte er hunderte von Säcken mit kalten stacheligen Steinen und nahm sie mit ins Dorf.

Als die Leute die Säcke mit den Steinen sahen, waren sie froh und nahmen sie dankbar an. Nun hatten sie wieder etwas, was sie einander schenken konnten. Das einzige Unangenehme war, dass es nicht so viel Spaß machte, kalte stachelige Steine zu verschenken, wie warme, weiche Pelzchen. Einen stacheligen Stein zu geben, war gleichsam eine Art, dem anderen die Hand zu reichen - aber nicht so sehr in Freundschaft und Liebe. Auch einen stacheligen Stein zu bekommen, war mit einem eigenartigen Gefühl verbunden. Man war nicht ganz sicher, was der Geber meinte, denn schließlich waren die Steine kalt und stachelig. Es war nett, etwas von einem anderen zu erhalten, aber man blieb verwirrt und oft mit zerstochenen Fingern zurück. Wenn ein Swabeedoo-dah ein warmes, weiches Pelzchen bekam, sagte er gewöhnlich "waw", wenn ihm aber jemand einen kalten stacheligen Stein reichte, gab es gewöhnlich nichts Anderes als ein "Agx".

Einige der kleinen Leute begannen wieder, einander warme, weiche Pelzchen zu geben und jedesmal, wenn ein Pelzchen geschenkt wurde, machte es dem Schenkenden und dem Beschenkten wirklich sehr viel Freude. Vielleicht war es nur deshalb so ungewöhnlich, von jemandem ein warmes weiches Pelzchen geschenkt zu bekommen, weil so viele kalte Steine ausgetauscht wurden. Das Schenken von Pelzchen wurde nie mehr Mode in Swabeedoo. Nur einige wenige Leute entdeckten, dass sie fortfahren konnten, einander warme weiche Pelzchen zu schenken, ohne, dass ihre Vorräte ausgingen.

Die Kunst, Pelzchen zu verschenken, wurde nicht von vielen gepflegt. Das Misstrauen steckte tief in den Leuten von Swabeedoo. Man konnte aus ihren Bemerkungen hören: Weiche Pelzchen? Was steckt wohl dahinter?

Ich weiß niemals, ob meine weichen Pelzchen auch wirklich geschätzt werden! Ich habe ein weiches Pelzchen gegeben und bekam dafür einen kalten stacheligen Stein. So dumm bin ich nie wieder! Man weiß nie, wie man dran ist, jetzt ein weiches Pelzchen und im nächsten Augenblick einen stacheligen Stein. Gibst Du mir keinen stacheligen Stein, dann gebe ich Dir auch keinen! Okay?

Ich möchte meinem Jungen ein warmes weiches Pelzchen geben, aber er verdient es nicht. Manchmal frage ich mich, ob mein Großvater noch Pelzchen auf der Bank hat! Wahrscheinlich wäre jeder Bürger von Swabeedoo gerne zurückgekehrt zu jenen Tagen, als das Schenken und Geschenktbekommen von warmen weichen Pelzchen noch üblich war. Manchmal dachte ein solch kleiner Mann bei sich, wie schön es doch wäre, von jemandem ein warmes weiches Pelzchen zu bekommen.

Und in Gedanken ging er hinaus und begann jedem ein Pelzchen zu schenken, wie in alten Tagen. Aber meistens hielt es ihn stets davon ab. Gewöhnlich war es einfach dies, dass er hinausging und sah "wie die Welt wirklich war".

Ende der Geschichte.

Ist die Welt wirklich so? Oder haben wir nicht jeder für sich, also Sie ganz persönlich und ich, die Chance, im übertragenen Sinne Pelzchen zu verschenken? Jeden Tag, jede Stunde, jede Minute. Ein Pelzchen könnte z.B. sein:

- Danke, dass Du da bist.
- Ich habe Dich lieb und bin froh, Dich an meiner Seite zu haben.
- Du kannst superleckeres Essen kochen. Danke.
- Danke, dass Du die Wohnung aufgeräumt hast.
- Danke, dass Du so für uns als Familie sorgst.
- Darf ich Dich in den Arm nehmen?
- Du bist ein toller Mensch.
- Ich wünsche Ihnen heute den schönsten Tag Ihres Lebens.
- Danke, dass ich für dieses tolle Unternehmen arbeiten darf.
- Danke dafür, dass Du so ein toller Sohn bist (bzw. so eine tolle Tochter).
- Für mich bist Du die wunderbarste Frau der Welt.

- Für mich bist Du der tollste Mann der Welt.

- Danke, dass Du immer an meiner Seite bist und wir zusammen "fliegen" können.

- Ich danke Gott jeden Tag dafür, dass wir uns kennengelernt haben.

- Du bist ein wunderbarer Freund, das würde ich Dir am liebsten jeden Tag sagen. Danke.

- Sie machen die leckersten Brötchen der ganzen Stadt.

- Ihre Kartoffelpuffer sind einfach die besten.

- Ich bin froh, dass ich eine so zuverlässige Werkstatt gefunden habe. Vielen Dank für Ihre tolle Hilfe.

Ich könnte diese Liste wirklich beliebig lang ergänzen. Es gibt einfach keine Begrenzung, kein Zuviel an Dankbarkeit, Respekt und Wertschätzung. Man kann für alles dankbar sein, was man erlebt, und sollte, das meine ich aus tiefstem Herzen, diese Dankbarkeit auch zeigen und deutlich machen.

Anfänglich werden Menschen in Ihrer Umgebung möglicherweise irritiert sein. Warum höre ich immer ein Danke? Warum werde ich so respektvoll und wertgeschätzt behandelt? Da stimmt doch etwas nicht. Was ist der Grund dahinter?

Lassen Sie sich nicht davon beeinflussen. Machen Sie weiter. Zeigen Sie Dankbarkeit, Respekt und Wertschätzung. Fühlen Sie, wie sich Ihr Verhalten wie ein warmer Mantel um Sie legt und Ihnen selbst ein gutes Gefühl bereitet. Je mehr Sie dieses neue Denken üben, desto selbstverständlicher wird es Ihnen vorkommen.

Sie werden überrascht sein, was in Ihrem Leben passieren wird. Menschen mögen (unterbewusst) Menschen, die dankbar, respektvoll und wertschätzend sind, weil sie dadurch das Gefühl bekommen, respektiert und wertgeschätzt zu werden. Sie werden genau das, was sie ausstrahlen und verkörpern, zurückbekommen, denn man möchte es sich nicht mit Ihnen verscherzen.

Es ist wie in Swabeedoo. Je mehr Pelzchen Sie in Form von Danke, Respekt und Wertschätzung "verschenken", desto positivere Resonanz werden Sie im Laufe der Zeit zurückbekommen. Sie werden süchtig danach werden, glauben Sie mir.

17.3. Die drei Siebe

Gleich noch eine Geschichte, die dazu passt und die Sie dazu animieren soll, nur noch positiv über andere Menschen und auch über alle Situationen zu sprechen und - mit etwas Übung - auch zu denken.

> Ganz aufgeregt kam ein Mann zu einem Weisen gerannt: „Ich muss dir etwas erzählen. Dein Freund ..."

Der Weise unterbrach ihn: „Halt!" Der Mann war überrascht.

„Hast du das, was du mir erzählen willst, durch die drei Siebe gesiebt?", fragte der Weise.

„Drei Siebe?", wiederholte der Mann verwundert.

„Richtig, drei Siebe! Lass uns prüfen, ob das, was du mir erzählen willst, durch die drei Siebe passt. Das erste Sieb ist die Wahrheit. Ist das wahr, was du mir erzählen willst?"

„Ich habe es selber erzählt bekommen und ..."

„Na gut. Aber sicher hast du es mit dem zweiten Sieb geprüft. Das zweite Sieb ist das der Güte. Wenn es nicht sicher wahr ist, was du mir erzählen möchtest, ist es wenigstens gut?"

Zögernd antwortete der Mann: „Nein, im Gegenteil ..."

„Dann", unterbrach ihn der Weise, „lass uns auch noch das dritte Sieb anwenden. Ist es wichtig und notwendig, es mir zu erzählen, was dich so aufregt?"

„Wichtig ist es nicht und notwendig auch nicht unbedingt."

> „Also mein Freund", lächelte der Weise, „wenn das, was du mir erzählen willst, weder wahr noch gut noch notwendig ist, so lass es lieber sein und belaste dich und mich nicht damit."

Ist das nicht ein wunderbares Bild?

17.4. Erkennen Sie Ihre Macht

In meinem Buch "Reframingcoaching - Unterbewusstes bewusst auflösen" habe ich etwas zu dem Thema "Erkennen Sie Ihre Macht" geschrieben. Ich halte diesen Abschnitt für wichtig, so dass ich ihn gerne teilweise zitiere.

Der Same eines Baumes überwindet alle Hindernisse, sogar einen Stein oder Asphalt. Das können Sie erst recht. Kennen Sie folgendes Zitat?

- "May the force be with you."

In deutscher Übersetzung:

- "Möge die Macht mit Dir sein."

Falls Sie diesen Satz kennen, haben Sie wahrscheinlich den Kino-Hit "Star Wars" gesehen. Die Jedi und ihre Erz-Antagonisten, die Sith, sind fiktive Figuren im Star Wars-Universum. Als Kraftquelle nutzen sie die "Macht", die ihnen zu übermenschlichen Fähigkeiten verhilft.

In den Star Wars Filmen geht es u.a. um den Einsatz sowie Missbrauch der "Macht". Wird die Macht in Verbindung mit negativen Gefühlen, z.B. Zorn, Trauer oder Angst, genutzt, besteht die Gefahr, dass die Jedi "auf die dunkle Seite der Macht" gezogen werden. Es geht darum, die Macht aus konstruktiven Beweggründen zu nutzen und Gutes damit zu bewirken.

Die "Macht" wird – vergleichbar mit fernöstlichen Prinzipien wie etwa dem Chi – als etwas betrachtet, das alles mit allem "verbindet". Dabei kann jeder Mensch darauf zugreifen, ohne besonders "erwählt" zu sein. Es kommt in Bezug auf die "Stärke der Macht" nur darauf an, wie gut man auf die "Macht" zugreifen kann, um damit Einfluss auf die physische und psychische Welt nehmen zu können. Und was wurde dabei Luke Skywalker in der Episode IV kurz vor der Zerstörung des Todessterns geraten?

- "Vertraue der Macht."

Kommt Ihnen das bekannt vor? Glauben und Vertrauen. Was wäre, wenn nicht nur die Jedi und auf diese "Macht" zugreifen und darauf vertrauen könnten, sondern jeder Mensch, also auch Sie? Könnten Sie sich das vorstellen und ohne jeden Zweifel glauben und darauf vertrauen?

Ich bin absolut davon überzeugt, dass niemand Macht über Sie hat, sondern Ihre Macht in Ihrem Denken liegt und Sie alles erreichen können, was Sie unbedingt wollen, woran Sie glauben und worauf Sie ohne Zweifel vertrauen. Sie müssen nur "den schlafenden Meister" in sich zum Leben erwecken.

Sobald Sie sich Ihrer Macht bewusst sind, diese gezielt nutzen und auf sie vertrauen, können Sie, davon bin ich überzeugt, alles erreichen, sowohl im Äußeren, also Wohlstand etc., als auch im Inneren, also z.B. Gesundheit und Glück.

Und damit komme ich zu einer der entscheidenden Fragen des Lebens: Rot oder blau?

17.5. Matrix: Rot oder Blau

Kennen Sie den Film "Matrix"? Hier eine kurze Beschreibung:

Angesiedelt in einer nicht allzu fernen Zukunft in einer gesichtslosen Großstadt, lernen wir einen jungen Mann namens Neo (Keanu Reeves) kennen. Am Tag Programmierer einer Software-Firma, verwandelt es sich des Nachts in einen Computer-Hacker, der stets alleine an seinem Monitor sitzt und auf ein Zeichen wartet, ein Signal, wie immer dieses auch aussehen und von wem auch immer es kommen mag. Er weiß nur, es wird kommen.

Eines Nachts tritt schließlich die mysteriöse Trinity (Carrie-Anne Moss) in sein Leben und stellt ihm jenen Mann vor, auf den er, ohne es zu wissen, gewartet hat: Morpheus (Laurence Fishburne). Als eine Art Messias der Computerwelt konfrontiert Morpheus Neo mit der Wirklichkeit jener Welt, in der er lebt: Neo lebte bislang nur in einer Schein-Realität. Neo wird in ein Abenteuer verstrickt, das ihn ebenso erschreckt wie fasziniert. Die Welt, in der er bislang lebte, ist eine Realität, in der das Böse regiert und in der er, Neo, der Auserwählte ist, der dem Bösen den Kampf ansagen soll. Es liegt nun an Morpheus und seinen Leuten, Neo auf den alles entscheidenden Kampf vorzubereiten.[19]

Die Kernfrage des Films lautet: Die rote oder die blaue Pille?

Gleich zu Anfang wird Neo vor die Wahl gestellt, als Morpheus im zwei Pillen anbietet. Morpheus erklärt: „Wenn du die blaue nimmst, kehrst du zurück in deine Schein-Wirklichkeit und nichts wird sich für dich ändern. Wenn du die rote nimmst, wird sich dein gesamtes Weltbild auflösen, weil du die Wahrheit sehen, die Hintergründe der sogenannten Realität erkennen wirst." Neo hatte folgende Alternativen:

- Blaue Pille: Du hast dich für die "Blaue Pille" entschieden, was dir niemand verübeln kann. Somit bleibst Du unwissend und weiterhin ein Opfer der Illusion. Bis dahin... Schlaf gut!

- Rote Pille: Sehr gut, Du hast dich für die "Rote Pille" entschieden, somit werde ich Dir nun versuchen zu erklären, was genau die Matrix ist, wie sie aufgebaut ist, wer sie aufgebaut hat, wie sie funktioniert und wie Du dich davor und dagegen schützen kannst bzw. wie du Dich aus ihr befreien kannst! Vieles von dem, was Du gleich erfahren wirst, mag erstmal unglaublich klingen, jedoch ist es leider die Wahrheit. Ich habe nicht gesagt,

19 https://www.amazon.de/Matrix-Keanu-Reeves/dp/B00004RYTJ

dass es schön wird, ich habe nur gesagt, dass es die Wahrheit ist.

In einer ähnlichen Situation stecken auch Sie jetzt, also jetzt in diesem Moment, in welchem Sie dieses Buch lesen. Sie wissen nämlich jetzt sehr viel mehr, als zu dem Zeitpunkt, als Sie angefangen hatten, dieses Buch zu lesen.

Sie sind ganz allein verantwortlich für Ihr Leben, für alles, was Sie sehen, schmecken, hören, riechen, spüren, empfinden und denken, sowie für alles, was Sie mit Ihrem Denken, Glauben und Fühlen in Ihr Leben ziehen. Sie ganz allein! Sie sind das Gegenteil von einem Opfer, Sie sind der "Chef Ihres Lebens". Schon immer, aber ab sofort mit dem Bewusstsein, dass Sie es sind.

Die Frage ist, welche Pille möchten Sie schlucken? Die rote oder die blaue Pille?

➢ Blaue Pille

Es ist völlig ok, wenn Sie die blaue Pille schlucken und alles, was Sie gelesen haben, ad acta legen möchten. Den allermeisten Menschen geht es so, dass sie zwar sagen, dass sie gerne eine Veränderung in ihrem Leben hätten, aber dann nicht bereit sind, diese Veränderung zuzulassen. Schließlich ist man mit dem, was man so hat, ganz gut gefahren, oder? Irgendwie ging es immer. Besser ein Spatz in der Hand, als eine Taube auf dem Dach. Die Gegenwart ist irgendwie nicht toll, aber es lässt sich aushalten. Eine ungewisse Zukunft? Dieses Risiko möchten viele nicht eingehen. Also greifen die meisten Menschen nach der blauen Pille, versuchen das Gelesene als Hirngespinst abzutun oder reden sich ein, dass alles gut ist und das Gelesene "nur für die anderen" von Bedeutung ist. Diese Einstellung ist ok, jeder ist seines Glückes Schmied.

- Rote Pille

Möchten Sie dagegen im übertragenen Sinne die rote Pille schlucken? WOW, ich gratuliere. Sie wollen "aufwachen", das ist der erste Schritt. Diese Entscheidung erforderte Mut, weil Sie sich auf unbekanntes Terrain begeben. Wie wird Ihr neues Wissen einzusetzen sein? Wie werden andere Menschen in Ihrem Umfeld reagieren? Wird es wirklich zu positiven Ergebnissen führen, wenn man sich positiv ausrichtet? Werden die Menschen tatsächlich positiv reagieren, wenn man sich dankbar, respektvoll und wertschätzend verhält? Und was passiert, wenn es mal eine - subjektiv gesehen - weniger positive Zeit gibt? Kann man solche Zeiten trotzdem als positiv annehmen und dafür Danke sagen? Wird man dann tatsächlich "Zeichen" und "Hinweise" erhalten, die bestärkend Mut machen und den rechten Weg weisen? Fragen über Fragen.

Ich darf Ihnen eines mit absoluter Sicherheit sagen. Trauen Sie sich und erleben Sie, wie sich Ihr Leben als Geschenk zeigen wird, das es immer gut mit Ihnen meint, auch wenn man es nicht immer sofort erkennen mag.

Im nächsten Kapitel werde ich Ihnen ein paar Tipps und Hilfsmittel vorstellen, die Ihnen dabei behilflich sein können, sich an das, was Sie nun gelesen haben, immer wieder zu erinnern, damit Sie fortlaufend den "Pfad des Lernens" beschreiten und immer offener für die Wunder sind, die auf Sie warten.

18. Techniken und Hilfsmittel

Es gibt wahrscheinlich unendlich viele Möglichkeiten, sich an das zu erinnern, was man eigentlich ganz tief in sich drinnen sowieso weiß, aber irgendwie vergessen zu haben scheint oder sich womöglich nicht traut, das Positive davon zuzulassen.

Ich führe im Folgenden ein paar Hilfsmittel auf, die zum überwiegenden Teil leicht zu nutzen sind.

18.1. Buch wiederholt lesen

Ich empfehle immer, jedes Buch, das Sie wirklich verinnerlichen möchten, mindestens drei Mal zu lesen. Bei jedem Lesen werden Sie Stellen und Hinweise entdecken, die Sie wieder ein Stückchen weiterbringen.

18.2. Stichworte notieren

Was mir persönlich immer besonders gut hilft, etwas Gelesenes in meinen Gedanken und letztendlich im Unterbewussten zu verankern, ist, mir während des Lesens Stichworte auf Papier zu machen und hinterher die Stichworte mit eigenen Worten in den PC einzutippen. Warum diese scheinbar doppelte Arbeit?

Nun, während des Lesens kann ich Stichworte auf Papier notieren, das ist kein Aufwand. Aber wenn ich konzentriert lese, ist es mir fast unmöglich, die Notizen fein säuberlich zu verfassen, es ist mehr ein Gekritzel, das ich mir nie wieder in Ruhe angucken würde.

Wenn ich jedoch die Notizen anschließend mit eigenen Worten in den PC eintippe, dann bin ich "gezwungen", wobei dieses Verb eigentlich zu wenig positiv wirkt, mir über das Geschriebene Gedanken zu machen und "darf" evtl. nochmal das Gelesene nachschlagen. Durch dieses wiederholte Lesen und ins Gedächtnis rufen verfestigt sich der Inhalt. Je öfter man das tut, desto besser.

Diese Vorgehensweise hat es mir ermöglicht, den Inhalt von acht Semestern Physik-Studium in 14 Wochen zu lernen und zwei Diplomprüfungen (experimentelle und theoretische Physik) gut zu bestehen. Dies klingt unglaubwürdig? Aber genau so war es ...

18.3. Zettel im Haus verteilen

Als Ergänzung empfehle ich Ihnen nachdrücklich, die für Sie wichtigsten Hinweise, Stichworte und Anregungen leserlich auf kleinen Zetteln auszudrucken und diese in der ganzen Wohnung zu verteilen. Wenn es Ihnen unangenehm sein sollte, dass diese Zettel von Besuchern gelesen werden könnten, dann verteilen Sie die bedruckten Zettel nur da, wo Besucher keinen Zutritt oder Zugang haben, z.B. im Kühlschrank, im Schlafzimmer, im Keller, im Auto usw. Je auffälliger diese Zettel aussehen, desto besser, denn Sie sollen sie auf keinen Fall übersehen können.

Auf diesen Zettelchen kann z.B. stehen:

- ICH BIN immer und für alles dankbar.
- ICH BIN immer respektvoll und wertschätzend.
- ICH BIN der Chef über mein Leben.
- ICH BIN stark und kenne meine Macht.
- ICH BIN voller Mut und Vertrauen.

- ICH BIN ich und liebe mein Leben.

- ICH BIN ein Lösungsfinder und schaffe alles, was ich will.

- ICH BIN geborgen und weiß, dass alles gut ist.

Sie werden für sich selbst Ihre Zettelchen ganz sicher genau richtig kreieren.

Und jedes Mal, wenn Sie ein Zettelchen sehen, also jeden Tag ganz oft, lesen Sie den Zettel vor, nicht nur in Gedanken, sondern so, als wenn Sie mit einem Freund sprechen. So, als wäre es das natürlichste auf der Welt, zu "jemandem" zu sagen "Ich bin ein Lösungsfinder und schaffe alles, was ich will."

Je häufiger Sie dies in dieser Form umsetzen, desto weniger "verrückt" wird es Ihnen vorkommen. Und im Laufe der Zeit wird es Ihnen in Leib und Blut übergehen, so dass Sie es irgendwann "unbewusst" tun ... und genau das ist das Ziel. Ihr Unterbewusstes soll es als "selbstverständlich" lernen und annehmen.

18.4. Audiodateien mit Affirmationen

Die folgende Empfehlung funktioniert nur mit der notwendigen technischen Ausrüstung. Sollten Sie sie nicht besitzen, bitten Sie in Ihrem Freundes- oder Bekanntenkreis um Hilfe.

Ich habe mir eine lange Liste mit Affirmationen erstellt. Alles, was mir Positives einfiel, habe ich als ICH-Affirmation (natürlich im Präsens) aufgeschrieben und in den PC getippt. Es sind einige Seiten zusammengekommen.

Diese ICH-Affirmationen habe ich über meinen PC mit einem externen Mikrofon als einzelne Sprachdateien (in diesem Fall im wav-Format) eingesprochen und aufgezeichnet.

Aus diesen vielen separaten Sprachdateien habe ich mit der Software "Audacity" eine Datei mit vielen Wiederholungen erstellt, so dass das Ergebnis 60 Minuten lang wurde.

Solch eine Sprachdatei mit positiven Affirmationen können Sie beim Einschlafen und beim Aufwachen abspielen. Somit wird Ihr Unterbewusstes als erstes und als letztes mit diesen positiven Affirmationen "programmiert".

18.5. Isochrone Töne

Wenn Sie die Affirmationen auch tagsüber einsetzen möchten, dann empfiehlt es sich, die linke und die rechte Gehirnhälfte auf eine Schwingungsfrequenz zu bringen, die einem meditativen Zustand (Theta-Zustand) entspricht. Hierfür können Sie mit "Binaural Beats" oder auch "isochrone Töne" nutzen.

Isochrone Töne gelten als eine der effektivsten Methoden der Gehirnwellen-Beeinflussung. Sie bestehen aus gepulsten Tönen, wobei Töne gleicher Lautstärke schnell hintereinander abgespielt werden. Der übertragende Ton erklingt und verklingt in rascher Abfolge.

Die Geschwindigkeit der Pulsabfolge ist abhängig von der Gehirnwellenfrequenz, die stimuliert werden soll. Möchte man zum Beispiel Gehirnwellen im Theta-Frequenz-Bereich von 7 Hz aktivieren, so wird ein Ton 7 Mal in der Sekunde mit gleich langen Pausen dazwischen abgespielt. Isochrone Töne sind also nichts Anderes als aneinander gereihte, pulsartige Töne einer bestimmten Frequenz und Lautstärke.

Da „Isochrone Töne" im Normalfall als unangenehm oder zumindest als langweilig empfunden werden, habe ich wav-Dateien erstellt, die gleichzeitig angenehme Meditationsmusik enthalten, auf Wunsch alternativ Naturgeräusche.

Der Vorteil von „Isochronen Tönen" gegenüber „Binaural Beats" ist, dass die Ohren nicht mit unterschiedlichen Audiosignalen beschallt werden müssen, wie dies bei „Binaural Beats" notwendig ist. Somit kann man „Isochrone Töne" auch über Lautsprecher abspielen und einsetzen. Eine Nutzung mit ohrumschließenden Kopfhörern habe ich jedoch als erfolgreicher wahrgenommen.

Wenn Sie nun Ihre persönlichen ICH-Affirmation mit den isochronen Tönen koppeln und zu einer Audiodatei zusammenführen, dann werden Sie beim Anhören auf der einen Seite in einen meditativen Zustand geführt, auf der anderen Seite "wirken" Ihre ICH-Affirmationen "direkt".

18.6. Subliminale Botschaften

Eventuell möchte man nicht immer und immer wieder die ICH-Affirmation hören, weil sie irgendwann als lästig empfunden werden. Dafür habe ich eine Lösung, die ich selbst tagtäglich nutze.

Ich habe meine ICH-Affirmationen mit der Software "Audacity", sowie einem Plugin "silent subliminal" so bearbeitet, dass alle Frequenzen auf über 14.000 Hz verschoben wurden, d.h. die neue Audiodatei enthält keine Frequenzen mehr unterhalb von 14.000 Hz. Ich höre nichts mehr.

Ich höre nichts mehr bezieht sich allerdings auf das "bewusste" Hören. Nur weil ich Frequenzen oberhalb von 14.000 Hz nicht mehr bewusst hören kann, heißt das nicht, dass mein Körper sie nicht wahrnimmt.

Ich vergleiche das gerne mit dem UV-Licht der Sonne. Auch wenn wir die UV-Strahlen mit unseren Augen nicht "sehen" können, bedeutet das nicht, dass diese UV-Strahlen nicht "wirken" und z.B. zu einem Sonnenbrand führen können.

Somit beschalle ich mich ganztägig mit meinen ICH-Affirmationen, jedoch ohne dass mein Bewusstsein irgendwann "Stop" schreit. Einen Versuch ist es wert, oder?

18.7. Vor dem Einschlafen Positives visualisieren

Ein wichtiger Punkt, den ich wirklich immer empfehle. Schauen Sie vor dem Schlafengehen keine negativen Nachrichtensendungen, keine Kriegs- oder Horrorfilme und nichts mit irgendwelchen negativen Botschaften. Warum? Ganz einfach, weil alles das, was Sie vor dem Schlafengehen "konsumieren" in Ihren Träumen und somit im Unterbewussten "weiterwirkt".

Ihr Unterbewusstes ist nicht in der Lage, zwischen Realität und Fiktion zu unterscheiden. Wenn Sie z.B. einen Film sehen, in welchem Menschen drangsaliert, gefoltert und getötet werden, dann wird Ihr Unterbewusstes "denken": "Ok, so ist die Welt." Es nimmt diese Information als Realität an und wird zukünftig alles Neue mit dieser gelernten Information abgleichen.

Das heißt nicht, dass Sie abends auf Ihr geliebtes Fernsehen verzichten müssen, falls Sie ein TV-Freund sind. Es heißt nur, dass ich Ihnen ans Herz lege, sich abends nur das anzusehen, was aufbauend, positiv, liebevoll etc. ist. Wenn Sie unbedingt "harte" Filme sehen und keinesfalls darauf verzichten möchten, dann gucken Sie diese Filme bitte zumindest tagsüber, so dass Ihr Unterbewusstes die Chance hat, anschließend noch Positives zur Nacht "aufzunehmen".

18.8. Sleepphones

Eine Empfehlung technischer Natur möchte ich noch anschließen. Da das Unterbewusste nachts am empfänglichsten ist, weil das Bewusstsein "ausgeschaltet" ist, versuchen Sie mal, Ihre ICH-Affirmationen über Sleepphones (ein kuscheliges Stirnband mit eingebauten kleinen Kopfhörern) zu hören. Meine Sleepphones sind über Bluetooth ansteuerbar, d.h. ich paire mein Handy mit diesen Sleepphones und spiele leise meine ICH-Affirmationen ab, während ich einschlafe. Nach einigen Stunden sind die Akkus des Sleepphones leer, dann schlafe ich einfach ohne diese ICH-Affirmationen weiter.

18.9. Schreiben Sie sich einen Brief

In Band 2 "Omniatherapie - Gesundheit & Glück durch Verstehen & Versöhnung" habe ich diesen Tipp bereits aufgeführt. Ich denke, es ist richtig, diese Empfehlung nochmal sehr deutlich herauszustellen.

Schreiben Sie sich einen Brief mit Datum in sechs Monaten, einen zweiten Brief mit einem Datum in zwölf Monaten, einen dritten Brief mit einem Datum in zwei Jahren und, wenn Sie mögen, zwei weitere Briefe mit einem Datum in fünf Jahren und in zehn Jahren.

Schreiben Sie sich einen Brief aus der Zukunft. Beschreiben Sie sich und Ihr Leben als erfolgreich, gut und glücklich. Formulieren Sie den Inhalt so, als wäre es eine Autobiographie über Ihre letzten sechs und zwölf Monate bzw. zwei, fünf und zehn Jahre.

Führen Sie alles auf, was Ihr Leben ausmacht, z.B. Ihre Ausbildung, Ihren Beruf, Ihre Partnerschaft, evtl. Kinder, Ihre Lebensumstände usw. Aber führen Sie nur Dinge auf, die Sie wirklich denken, glauben und fühlen. Es macht also z.B. keinen Sinn, einen Brief zu konzipieren, in welchem Sie sich als reichsten Menschen der Erde beschreiben, der gleichzeitig auf dem Mond war. Beides werden Sie eher nicht für machbar halten, geschweige denn als mögliche Realität erwarten.

Bevor Sie diese Briefe verfassen, sollten Sie sich also erst darüber im Klaren sein, was Sie wirklich-wirklich-wirklich wollen und für machbar erachten. Ich verweise an dieser Stelle auf die von mir beschriebene Relevanz-Pyramide, die ein hervorragendes Hilfsmittel für die eigene Prioritätenfeststellung ist. Blättern Sie gerne nochmal ein paar Seiten zurück.

Nachdem Sie mit Hilfe der Relevanz-Pyramide festgestellt haben, was Ihnen in sechs und zwölf Monaten bzw. in zwei, fünf und zehn Jahren wirklich-wirklich-wirklich wichtig ist und für Sie machbar und realistisch erscheint, schreiben Sie diese Briefe mit in Übereinstimmung mit Ihren hieraus erworbenen Erkenntnissen.

Diese Briefe verkleben Sie und schreiben jeweils das Datum in sechs und zwölf Monaten bzw. zwei, fünf und zehn Jahren darauf. Erst an diesem jeweiligen Datum öffnen Sie den passenden Brief wieder.

Wenn Sie den ersten oder zweiten Brief gelesen haben, werden Sie feststellen, dass der Inhalt "etwas in Ihnen auslöst". Es wäre nicht verwunderlich, wenn Sie dann weitere Briefe schreiben möchten, die gleichfalls wieder vordatiert werden.

18.10. Gott ist mein Kumpel

Zu guter Letzt eine Empfehlung, die wirklich immer hilft. Und wenn ich schreibe "immer", dann meine ich "immer".

Wenn es mir nicht gut ging, mich Sorgen belasteten, dann sprach ich, nach etwas Zeit zur Überwindung, mit meiner Frau darüber. Und es stimmt: "Geteiltes Leid ist halbes Leid," Was wir danach immer getan haben und tun, war und ist zu beten, uns zu bedanken und die Erwartung für eine gute Lösung als Auftragspost "abzuschicken". Unser beschränktes Bewusstsein ist niemals in der Lage, alle Facetten einer Herausforderung zu überschauen und zu durchblicken, das göttliche Bewusstsein kann so etwas "mit links".

Wissen Sie, wie wir das machen, wobei jeder seinen eigenen, ganz persönlichen Weg finden "darf"? Wir sprechen mit unserem Schöpfer wie mit einem Kumpel, einem guten Freund, von dem wir wissen, dass er auf uns aufpasst und uns einen guten Weg aufzeigt, wenn wir nur bereit sind, seine Zeichen und Hinweise "anzunehmen".

Wissen Sie, wie oft wir enttäuscht wurden? Wie oft wir im Stich gelassen wurden? Wie oft alles ganz schlimm wurde und unsere größten Befürchtungen negativ übertroffen wurden?

➢ Genau null Mal!

Ich empfehle Ihnen: Sprechen Sie mit Gott, mit unserem Schöpfer, mit der Quelle oder wie auch immer Sie das Eine benennen mögen, so, als wenn Sie mit einem allerallerbesten Freund sprechen würden, von dem Sie ganz genau wissen, dass er Ihnen zuhört und immer für Sie da ist. Und vergessen Sie vor allem eins nicht, nämlich Folgendes möglichst oft zu sagen:

D A N K E !

19. Epilog

Das gibt es nicht. Am Sonntag habe ich angefangen, dieses Buch zu schreiben, jeweils etwa einen halben Tag von Sonntag bis heute. Und wir haben erst Samstag, also sechs Tage nach Beginn des Schreibens.

Ich hatte wirklich keine Ahnung, was ich schreiben bzw. wie das Buch aufgebaut sein sollte und wie der Inhalt aussehen könnte. Ich habe einfach darauf vertraut, dass der "Stupser" des Universums schon zur Folge haben würde, dass irgendetwas Vernünftiges dabei herauskommen würde.

Ob Ihnen das, was Sie jetzt gelesen haben, vernünftig erscheint, müssen Sie ganz alleine für sich entscheiden. Mein Gefühl sagt mir, dass es gut und richtig war, einige Tage am PC gesessen und etwas in die Tastatur getippt zu haben.

Spannend ist, dass ich schon wieder nicht weiß, was ich alles geschrieben habe. Ich werde wahrscheinlich, wenn meine Frau mich beim Gegenlesen auf Flüchtigkeitsfehler hinweist, ganz überrascht sein, was ich da wieder zu Papier gebracht habe.

Wichtig ist aber nicht, dass ich weiß, was ich in den letzten Tagen geschrieben habe. Wichtig ist nur, dass es Sie dabei unterstützen möge, Ihre innere Kraft und Ihre Macht zu erkennen. Sie sind der Schöpfer Ihrer Realität. Mit Ihrem Denken, Glauben, Fühlen und Sein erschaffen Sie alles, was Sie erleben.

Seien Sie dankbar für wirklich alles, seien Sie positiv und vertrauensvoll. Sie sind nie allein, es ist immer "jemand" an Ihrer Seite, der Sie liebt und Sie unterstützt, egal ob Sie es wissen oder nicht.

Früher oder später werden Sie es sicher erkennen. Vielleicht sind Sie sich dessen auch schon längst bewusst. Dann spüren Sie sicher auch jene subtile Freude und Dankbarkeit. Ansonsten freuen Sie sich darauf. Ich wünsche es Ihnen so sehr!

Vielen Dank, dass Sie mir die Freude gemacht haben, dieses Buch zu lesen!

Herzlichst Ihr
Thomas A. M. Windelschmidt

Believe
in your self

20. Zum Autor

Thomas A. M. Windelschmidt, geboren in Berlin, aufgewachsen in Dortmund, studierte Physik und Wirtschaftswissenschaften. Bereits während seines Studiums gründete er seine ersten Unternehmen und agierte international als Unternehmer und Unternehmensberater.

Nach seinen ersten Studienzeiten wurde er u.a. zum Präsidenten des Bundesverbandes der Mehrwertdienste-, Post und Telekommunikationsnutzer e.V. (BMPT), zum Vorstand des Netzwerks Deutscher Mittelstand e.V. (DeuMit.net), sowie später zum Präsidenten des Bundesverbandes für Bildung, Wissenschaft und Forschung e.V. (BBWF) berufen.

Neben seinen unternehmerischen Tätigkeiten nutzte er Möglichkeiten für private Studien der Psychologie (inkl. positiver Psychologie), der Psychotherapie, der systemischen Familientherapie (inkl. Familienaufstellung), des NLP und der GNM, dazu absolvierte er eine Fortbildung zum Hypnosetherapeuten.

Ein besonderes Hauptaugenmerk legte er auf sein Wirken als Reframingcoach (reframingcoaching.de), Omniatherapeut (omniatherapie.de) und Siegersystem-Trainer (siegersystem.de) und konzentriert sich heute auf seine Unterstützung als Submediator (submediation.de) und als "Der Counselor" (der-counselor.de), sowie die Weiterentwicklung der holistischen Omniavision (omniavision.de).

Thomas A. M. Windelschmidt erstellte zwei Dissertationen und schrieb bisher 15 Bücher, die z.T. auch auf Englisch publiziert wurden.

Der Autor ist mit seiner Frau Claudia seit 1993 glücklich liiert und seit 1997 in erster Ehe verheiratet. Sie sind Eltern eines Sohnes (* 1998) und einer Tochter (* 2000).

21. Bilderverzeichnis

Bild 1: Danksagung © Pixabay 13
Bild 2: Privatfoto © Claudia Appel 17
Bild 3: Richard Neubersch © Richard Neubersch 22
Bild 4: Vorwort des Autors © Pixabay 23
Bild 5: Warum dieses Buch? © Pixabay 25
Bild 6: Was finden Sie in diesem Buch? © Pixabay 31
Bild 7: Die Ausgangssituation © Pixabay 35
Bild 8: Die ersten Fragen © Pixabay 45
Bild 9: Schuld und Verantwortung © Pixabay 53
Bild 10: Das Gesetz der Anziehung © Pixabay 67
Bild 11: Bewusstsein und Unterbewusstes © Pixabay 97
Bild 12: Die 66 Siegersystem-Schritte © Pixabay 119
Bild 13: Stress und Cortisol @ Pixabay 125
Bild 14: Angst und Vertrauen © Pixabay 131
Bild 15: Respekt und Wertschätzung © Pixabay 153
Bild 16: Glaube und Ihr "ICH BIN" © Pixabay 167
Bild 17: Nur Positives denken und tun © Pixabay 213
Bild 18: Techniken und Hilfsmittel @ Pixabay 235
Bild 19: Epilog © Pixabay 247
Bild 20: Schlussfoto © Pixabay 249
Bild 21: Privatfoto © Thomas A. M. Windelschmidt 251
Bild 22: Privatfoto © Thomas A. M. Windelschmidt 252

22. Index

Abitur ... 195, 200, 201, 202, 208
Ablehnung ... 57, 88
Abschluss ... 147
Abstoßung ... 83
Abwesenheit ... 176, 177, 178
Achten ... 165
Actio = Reactio ... 104
Adrenalin ... 81, 128
Affirmation ... 100, 121, 182, 184, 210, 238, 239, 240, 241, 243
Aha-Erlebnis ... 49, 111
Ahnung ... 31, 33
Akasha ... 99
Akasha-Chronik ... 28
Akteur ... 55
Alarmanlage ... 133
Alien ... 163
Alkoholiker ... 162
allmächtig ... 173
Allmächtiger ... 173, 185
Alternative ... 190, 191
Analogie ... 68
Analyse ... 58, 84
Anders, Günther ... 171
Andersdenkende ... 142
Änderung ... 68
Anerkennung ... 58
Anforderung ... 126
Angebot ... 26, 200, 201
Angriff ... 45
Angst ... 38, 39, 58, 60, 71, 83, 87, 88, 104, 109, 120, 128, 131, 132, 133, 134, 135, 140, 141, 144, 146, 154, 228
Angstmacherei ... 160
Angstphase ... 132
Angststörung ... 131
Angstsymptom ... 132
Anhaltspunkt ... 51
Anmerkung ... 25, 32
Annahme ... 68, 69, 98
Anpassungsreaktion ... 128
Anregung ... 24, 113, 149, 237
Ansatz ... 51
Anspannung ... 104, 126, 132
Anstrengung ... 64, 85, 91
Antagonist ... 227
Anti-Kriegs-Demonstration ... 89
Antrieb ... 46
Antwort ... 38, 40, 49, 50, 74, 85, 104, 134, 135, 136, 171, 175, 179
Anwender ... 69
Appel, Claudia ... 15
Arbeit ... 26, 82, 85, 104
Arbeitgeber ... 53
Arbeitsergebnis ... 92
Arbeitstag ... 204
Ärgernis ... 74, 78, 79, 81
Ärgernisauslöser ... 80
Argument ... 168
Aristoteles ... 187
Arzt ... 41, 204
Asphalt ... 227
assoziativ ... 103
Astrologie ... 27

Astronomie ... 145
Atheismus ... 170
Atheist ... 118, 170
atheistisch ... 173, 179
Atomkraftwerk ... 186
Audacity ... 239, 241
Auffassung ... 36, 55, 111, 118
Auffassungsvermögen ... 191
Aufgabe 28, 47, 84, 86, 100, 105, 106, 136, 137, 159, 163, 164, 182
Aufklärungsrate ... 207
Aufmerksamkeit ... 69, 127, 163
Auftrag ... 100
Aufwachen ... 49
Aufwand ... 92
Aufzeichnung ... 179
Auge ... 85
Augen ... 40, 41, 62, 87, 91, 121, 135, 138, 139, 157, 178, 183, 185, 215, 241
Ausbildung ... 147, 196, 201, 203, 244
Ausbildungsberater ... 201, 202, 203
Ausbildungsberatung 202, 203
Ausbildungsplatz ... 196
Auseinandersetzung ... 138
Ausgangssituation ... 35, 194
Auslöser ... 59, 60, 78, 79, 82, 131
Ausrichtung ... 42, 69
Aussage ... 54, 65, 77, 122
Ausschlag ... 59
Ausschüttung ... 126, 128, 215
Außen ... 94
Außenstehender ... 162
Außenwelt ... 68, 69
Äußerung ... 159, 160
Auswirkung ... 59, 87, 93, 118, 127, 128, 133
Auto ... 49, 79, 80, 82, 237
Autobahnfahrt ... 49
Autobiographie ... 244
Autopilot ... 121
Autor ... 68
Autorität ... 183
Bailey, George ... 75
Bangalore ... 27
Barbar ... 112
Barbarenpferd ... 112
Bauch ... 59, 99
Bauchsache ... 276
Bauer ... 39
Bauernhof ... 137
Baustein ... 168
Baustelle ... 82
Beanspruchung ... 126
Beck, Aaron T. ... 102
Bedenkenträger. 92, 121, 145, 160
Bedeutung ... 47, 103, 136, 148, 154, 159, 170, 171, 232
Bedrohung ... 131, 133
Beeinflussung ... 239
Befriedigung ... 46
Befürchtung ... 69
Begeisterung ... 71
Begleitung ... 50
Beglückend ... 170
Begrenztes ... 177
Begriff ... 24, 54, 60, 100, 171

Beispiel....40, 43, 54, 75, 88, 89, 134, 145, 155, 157, 159, 160, 162, 189, 240
Bekanntheit....69
Belastung....57, 126, 128
Belohnung....55
Benediktinermönch....211
Bereich....42, 142, 160, 167, 189, 240
Bereitschaft....39, 41
Bergman, Jerry....189
Beruf....75, 147, 244
Berufung....172
Berührungspunkt....27
Beschränktheit....108
Beschreibung....97
Besonderes....93, 164
Besorgnis....131
Bestimmung....46, 47, 170, 183
Bestrafung....55
Besucher....237
Beten....209, 211
Betrachtung....36, 92, 127
Betrachtungsmöglichkeit....117
Betrachtungsweise....97, 117, 118, 160, 181
Betroffener....180
Betrug....180
Bett....110, 113, 134, 155, 219
Bewältigung....126, 127, 132
Beweggrund....228
Bewertung....101, 160
bewusst....48, 61, 69, 76, 83, 85, 86, 87, 90, 94, 115, 229
Bewusstsein....49, 51, 61, 63, 90, 95, 97, 98, 99, 102, 107, 108, 109, 149, 167
Bezahlung....199
Beziehung....55
Bibel....184, 185
Bibelstelle....185
Binaural Beats....50, 239, 240
Bio-Anzug....117, 137
Biographie....145
biologisch....170
Bitten....210
Blaue Pille....230, 231
Blavatsky, Helena Petrovna....68
Blickwinkel....39, 59, 62, 76, 80, 117, 164, 180, 197
Blitzschlag....137
Blockade..57, 70, 71, 90, 165, 210
Blut....53
Blutdruck....81, 87
Böck, Franz....144
Böse....169, 174, 180
Böses....174
Botenstoff....128
Botschaft....37, 241, 242
Brahmane....27, 28
Brief....243, 244, 245
Brücke....75, 76, 162
Buch 13, 14, 23, 24, 25, 26, 27, 29, 31, 32, 33, 35, 36, 40, 45, 47, 51, 52, 54, 60, 62, 68, 69, 71, 79, 82, 94, 97, 106, 110, 111, 134, 143, 147, 179, 181, 185, 186, 190, 194, 227, 231, 235, 247, 248, 252

Buchautor 194
Bundesverband für Post und Telekommunikation e.V. 251
Bunker, Dusty 27
Byrne, Rhonda 69
Callcenter 204
Casse, Russell 162
Chance 42, 44, 80, 88, 91, 115, 136, 147, 160, 166, 192, 195, 197, 208, 211, 223, 242
Charakter 65
Charaktereigenschaft 120
Chef 196, 203, 204, 205, 231, 237
Chi 228
Christ 173
christlich 173
CIA 28
Coach 50
Coaching 46, 50, 53, 116, 164
Coccolithoporida 188
contraproduktiv 168
Cortisol 53, 79, 81, 125, 128, 214, 215
Counselor 29, 251, 252
Crux 37
Dankbarkeit 183, 224, 225
Danke 13, 29, 37, 51, 111, 113, 116, 118, 122, 123, 140, 181, 184, 185
Das Unfassbare 14
Daseinszweck 171
deduktiv 99, 103
Definition 101
Definitionsversuch 98
Denken 5, 36, 37, 39, 48, 61, 62, 63, 64, 69, 70, 71, 87, 88, 91, 94, 95, 98, 100, 105, 107, 108, 113, 115, 120, 121, 122, 146, 148, 162, 163, 180, 181, 182, 191, 210, 215, 225, 228, 231, 244, 248
Denkinhalt 70
Denkmuster 91, 92
Depression 40, 41, 109, 235
depressiv 172
Der Counselor 26, 32
Deutung 91
Diagnose 40
Diagnostik 82
Die 33 Reden des St. Germain 181
Diebstahl 54, 197, 207
Diskussion 97, 178
Dissertation 32, 252
Divide et impera 141
Domain 26
Droge 50
Druck 126
Drüse 126
Du bist, was Du denkst 122
Dualität 177
Dunkelheit 177
Durchschnitt 63
Dusche 49
Edison, Thomas Alva 145
Effekt 78, 135
Ego 101, 102, 120, 161, 165
Ehe 252
Eigenschaft 65, 98, 100
Eigentumswohnung 158

Eigenwert 101
Eindruck 27, 149, 184
Einfluss 228
Eingebung 184
Einklang 100, 183
einsam 172
Einsamkeit 83
Einsatz 228
Einschätzung 31, 35, 36, 37, 122, 136, 154, 172, 202
Einschlafen 49
Einspruch 116
Einssein 102
Einstein, Albert 134, 135, 148, 179
Einstellung 40, 68, 157, 188, 232
Einstieg 46
Einwand 72
Einwirkung 180
Elektrizität 178
Element 98
Eltern 57, 94, 116, 136, 138, 147, 157, 158, 195, 198, 199, 201
E-Mail 93
Emmerich, Lothar 162
emotional 103
Empfehlung 41, 52, 62, 76, 89, 115, 146, 181
Endspiel 75
Energie 26, 60, 61, 121, 158, 159, 177, 182, 183, 187
Energieaufwand 133
Energiedieb 89
Energiereserve 128
Engel 28, 75
Entscheidung 43, 62, 63, 64, 103, 157, 199, 203, 204, 205, 232
Entscheidungsfindung 99
Entscheidungsfreiheit 101
Entscheidungsgewalt 60
Entschuldigung 120
Entspannung 183
Enttäuschung 57, 154, 156, 157
Entwicklung 92, 120, 180, 188
Equipment 238
Erbgut 188
Erbsünde 169
Erde 244
Ereignis 80, 91, 159, 160, 191
Erfahrung 27, 28, 33, 37, 46, 56, 78, 81, 84, 91, 99, 100, 103, 104, 111, 112, 115, 116, 117, 122, 129, 132, 172, 180, 181
Erfahrungsbericht 42
Erfindung 92
Erfolg 42, 88, 109, 144, 145, 184, 210
Erfolg hat 3 Buchstaben 144
Erfolgsmagnet 63
Ergebnis 27, 28, 43, 44, 51, 55, 58, 92, 156, 157, 206, 220, 239
Erinnern 182
Erinnerung 82, 198, 199
Erkältung 74
erkennen 76, 89, 95, 160, 227
Erkenntnis 172
erleben 115, 117
Erlebnis 82
Erlebtes 92, 94, 95

Erleichterung 135
Erlernen 86
Erregung 131
Ersatzbefriedigung 46
Ersatzleistung 55
Erwachsene 59
Erwachsener 57
Erwartung 81, 104, 115, 154, 155, 156, 158, 159, 182
Erwartungshaltung 157, 158
Eustress 127
Evolution 170, 178, 186, 189, 190
Evolutionstheorie 148, 168, 169, 178, 188, 189
Existenz 167
Existenzangst 129
Exponentialfunktion 143
Facebook 150
Fachklinik 40
Fachmeinung 41
Fähigkeit 227
Fakt 147, 148
Faktenkonsum 149
Fallstrick 143
Familie 14, 88, 138, 183, 195, 198, 208, 213, 214, 223
Fehlalarm 133
Fehler 91
Fehlersuche 82
Feind 141
Fernsehen 147, 148
Fight-or-Flight 133
Film 76
Fishback Powers, Margaret 137, 138, 139
Flagellat 188
Flagelle 188
Flamme 183
Flehen 60
fliegen 93
Flucht 128, 133
Flüchtigkeitsfehler 248
Flugzeug 39, 163
Fokus 146
Folge 87, 93
Fördergruppe 199
Förderstunde 199
Forderung 55
Förderunterricht 199
Forscherteam 186
Forschung 14
Fortbewegung 188
Fortpflanzung 171, 187
Fossilbericht 189
Fötus 56
Frage 24, 45, 46, 47, 49, 51, 59, 78, 79, 83, 84, 89, 132, 149, 179
Fragenkomplex 79
Fragestellung 171
Frau 23, 117
freier Wille 101
Freiheit 56, 184, 215
Fremdsprache 85, 86
Frequenz 241
Freude 62
Freund 14, 80, 88, 135, 142, 200, 201, 218, 224, 226, 227, 238, 242, 245, 246
Friede 62, 166, 183

Frieden 210
Friedens-Demo 89
Frustration 40
Fühlen 36, 56, 61, 62, 63, 69, 70, 71, 94, 95, 98, 122, 140, 180, 181, 182, 191, 225, 231, 244, 248
Führung 100
Funktionsweise 102
Furcht 104
Fußball 157, 199
Fußballspiel 75
Fußnote 24
Fußspuren 138
Gebet 210
Geborgenheit 198
Gebot 171
Geburt 117, 164, 198
Geburtsdatum 27
Geburtsnamen 27
Gedächtnis 99, 140
Gedanke 25, 26, 31, 32, 33, 45, 49, 64, 68, 69, 70, 82, 83, 87, 88, 89, 90, 92, 93, 94, 100, 102, 108, 109, 110, 116, 137, 166, 178, 180, 187, 193, 214, 220, 222, 236, 238
Gedankenanregung 51
Gedankenblitz 49
Gedankengerüst 119
Gedankenhygiene 87, 88, 89, 90, 120
Gedankenschluss 93
Gedankenwelle 93
Gedankenwelt 90
Gefahr 43, 228
Gefahrensituation 132, 133
Gefängnis 197, 202, 207, 208
Gefühl 32, 46, 49, 57, 58, 60, 61, 64, 69, 79, 81, 83, 87, 89, 91, 99, 103, 116, 134, 135, 140, 149, 157, 161, 166, 180, 209, 220, 221, 225, 228, 247
Gefühlsebene 83
Gefühlsreaktion 82
Gefühlsregung 132
Gefühlswelt 68
Gegenargument 186
Gegenfrage 115
Gegenteil 46, 50, 132, 133, 134, 168, 170, 177, 178
Gegenüberstellung 48
Gegenwart 100, 183, 232
Gehirn 99, 178, 179, 183
Gehirnhälfte 239
Gehirnwelle 239, 240
Geißel 186, 188
Geißeltierchen 189, 191
Geist 98
Geistige 69
Geld 32, 39, 46, 72, 73, 114, 143, 144
Geld- und Finanzsystem 32, 143
Geldschein 162
Gelegenheitsjob 197
Generalisierung 60
Genie 145
Geräusch 83
Gerechtigkeit 184
Geruch 83

Gesamtheit 98, 187
Geschäft 158
Geschenk 32, 37, 80, 158, 196, 233
Geschichte 42, 75, 111, 112, 147, 173, 179, 190, 192, 195, 209, 215, 216, 223, 225
Geschmack 181
Geschwindigkeit 240
Gesellschaft 133
Gesetz 65, 67, 68, 69, 70, 71, 74, 103, 169, 183, 210
Gesetz der Anziehung 65, 67, 68, 69, 70
Gesetz der Resonanz 65, 67
Gesetz der zwanghaften Folge 71, 74
Gesinnung 23
Gespräch 14, 59, 195, 200
Gesprächspartner 195
gesund 84
Gesundheit 70, 73, 88, 97, 164, 167, 183, 184, 209, 219, 229, 243
Gesundung 84
Gewinnen 276
Gewissen 60, 169
Gewissenskanon 164
Gewohnheit 65, 103, 143
Glaube 103, 104, 167, 168, 170, 176, 179, 180, 181, 210
Glauben 36, 61, 74, 76, 94, 100, 103, 121, 122, 143, 147, 160, 169, 173, 191, 228, 231, 244, 248
Glaubenssatz 57, 71, 81, 90, 104, 165, 180, 210
Gläubigkeit 140
Gleichgewicht 88
Glück 36, 61, 62, 63, 70, 76, 95, 97, 100, 108, 111, 112, 116, 121, 161, 164, 167, 184, 208, 209, 216, 220, 229, 243
glücklich 89, 243
Glückskind 13
Glückspilz 36
Glückwunsch 62, 95
Glühbirne 145
Glukokortikoid 128
GNM 251
Goethe, Johann Wolfgang von 141, 142, 144, 148
Gott13, 43, 100, 140, 167, 168, 169, 173, 174, 175, 176, 177, 179, 185, 192, 195, 205, 208, 210, 211, 220, 224, 246
Gottesfunken 100
Gottgespräch 195
Gottheit 170
göttlich 171
Göttliches 164, 165
Gottvertrauen 14
Grammatik 86
Grausamkeit 89
Groll 210
Großeltern 198
Grund 36, 39, 81, 82, 83, 87, 94, 111, 139, 168, 180
Grundgefühl 131
Grundschule 195, 199

Gut 169
Gute 164, 210
Güte 62, 226
Gutes 210, 228
Gymnasium 195, 199, 200
Handeln 55, 56, 58, 62, 65, 100, 163
Handelnder 95
Handlung 55, 99, 100, 104, 134, 160, 164
Handlungsanweisung 71, 99
Handlungsentscheidung 99
Handlungsergebnis 56
Handy 149
Happy End 88
Harmonie 88, 95
Hass 175, 181
Hässlichkeit 175, 181
Hassparole 142
Hausarzt 40
Hausaufgaben 195, 199
Hausfrau 214
Haushalt 214
Hautfarbe 23
Heilmethode 42
Heilpraktiker 41
Heiratsantrag 138
Herausforderung 71, 81, 91, 128, 165, 186, 212, 245
Herde 148
Herkunft 147
Herleitung 81
Hermaphrodit 23
Herz 75, 95, 103
Herzschlag 87
Herzzahl 28
Hier und Jetzt 76, 99
Hilflosigkeit 60, 87
Hilfsmittel 50, 51, 85, 122, 151, 233, 235, 244
Hindernis 91, 184
Hindernisse 227
Hintergrund 118, 143
Hintergrundinformation 52
Hinweis 26, 27, 200, 205, 232, 236, 237, 245
Hirngespinst 118, 232
Hitze 176
Hl. Aurelius Augustinus 165
Hochhaus 39, 134
Hoffnung 181
Hoffnungslosigkeit 170
Höhenangst 39
Höheres Selbst 100
Homo Sapiens 170
Homöostase 187
Hören 183, 241
Horrorfilm 88
Hypnose 50, 122
Hypnosetherapeut 251
ICH BIN 133, 167, 181, 182, 183, 184
ICH BIN-Gegenwart 182
ICH-Affirmation 239, 240, 241
Ich-Empfinden 101
Idee 33, 45, 49, 51, 101, 145
Illusion 57, 76
Immunsystem 114
Independence Day 162
Indien 27, 28
Individuum 101, 188

Information 89, 107, 150, 188
Informationshygiene 89
Informationstechnologie 141
Inhalt 33, 45, 47, 54, 70, 181
Inkarnation . 117, 159, 180, 182, 198
Inspiration 145
Instagram 150
Integration 102
Intelligenz 182, 183
Interesse 29
Internet 147
Intuition 121, 184
Islam 142
isochrone Töne 239
isochronen Tönen 50
Jauch, Günther 134
Javane, Faith 27
Jedi 227, 228
Jesus Christus 185
Job 114, 193, 196, 204
Jugendlicher 93
Kälte 176
Kampf 112, 128
Kanada 137, 138
Kanshipuram 27
Kapitel 32, 51, 53, 54, 77, 107, 129, 131, 133, 181
Katecholamin 128
Katholizismus 142
Katze 40, 74
Keating, Thomas Aquinas 211
Keller 237
Kenner 69
Kenntnis 27
Kind . 57, 64, 85, 116, 150, 198, 244
Kinder 78, 136, 157, 158, 198, 205, 206, 215
Kindheit 75, 81, 91, 137
King, Godfré Ray 181, 182
Kino 227
Klärung 51
Kleinkindalter 57
Kobold 217, 218, 220
kognitiv 102
Kollektivschuld 55
Komfortzone 39, 43
Kompetenzeinschätzung 132
Kondom-Werbung 205
Konflikt 88
Kongress 42
Königsherrschaft 185
Konsens 98
Konsequenz 55
Konstellation 128
Kontaktaufnahme 29
Kontinent 93
Konto 72
Kontrasterfahrung 132
Kontrolle 39, 57, 80, 154
Kontrollverlust 38, 83, 128, 154
Konversation 176
Konzept 33, 45, 47, 122, 142
Kopf 88
Körper ... 59, 81, 83, 87, 98, 101, 117, 121, 126, 127, 128, 183, 215, 241
körperlich 99, 101
Körperreaktion 87
Körperreise 84
Koryphäe 42
kosmische Intelligenz 100

Kraft 26, 70, 104, 181, 182, 184
Kraftquelle 227
Krankhaft 131
Krankheit 38, 39, 41, 160, 175, 180, 181, 219
Kränkung 88
Krebs 42, 173, 179, 180
Krebspatient 42
Kreislauf 103
Krieg 160
Kriegsopfer 117
Krimi 88
Kritiker 76
Kühlschrank 237
Kumpel 245
Labor 186
Lage 95
Landstrich 159
Laufen 85
Lautsprecher 240
Lautstärke 240
Law of Attraction 67
Leary 102
Least Cost Router 251
Leben 14, 28, 32, 35, 36, 37, 39, 43, 44, 46, 52, 59, 61, 62, 63, 65, 67, 69, 70, 72, 73, 75, 76, 77, 89, 90, 94, 95, 99, 100, 102, 103, 105, 106, 115, 116, 117, 119, 122, 129, 136, 138, 140, 145, 158, 159, 160, 163, 164, 165, 166, 169, 170, 171, 172, 177, 179,182, 186, 187, 188, 191, 194, 195, 197, 211, 217, 218, 225, 229, 231, 233, 237, 243, 244
Lebensaufgabe 27, 46, 47
Lebensbedingung 68
Lebensberatungsliteratur 68
Lebensbereich 169
Lebensbestimmung 49
Lebenseinstellung 40, 193
Lebensgefühl 132
Lebensgesetz 63
Lebensjahr 59
Lebenskraft 184
Lebensmonat 59
Lebensmut 75, 155
Lebensumstand 244
Lebensweg 139, 171
Lebenszahl 28
Lebensziel 172
Lebewesen 126, 186, 187, 188, 190
Lehrer 211
Leichtigkeit 183, 184, 210
Leid 210
Leiden 165
Leidenschaft 71
Leistung 100, 162
Leistungsfähigkeit 83, 99, 100, 127
Lerneffekt 81
Lernen 86
Lernprozess 104, 160
Lesen 24
Leser 23, 31, 32, 94, 106, 118, 137
Licht 51, 92, 161, 177, 183, 210, 241
Lichthupe 77
Liebe 23, 62, 100, 137, 183, 185, 195, 198, 210, 221

Liebeskomödie ... 88
Lieblingsfilm ... 75
LOA ... 70
Lob ... 55
logisch ... 99
Loslassen ... 210
Lösung ... 33, 49, 79, 90, 91, 104, 109, 110, 135, 182, 196, 241, 245
Lösungsansatz ... 91
Lösungsfinder ... 238
Lösungsmöglichkeit ... 91
lösungsorientiertes Denken ... 91
Lösungsorientierung ... 91
Lösungsperspektive ... 109
Lösungswegweiser ... 82
Lotto ... 72, 155, 192, 196, 206
Lottogewinn ... 72, 196, 205, 206
Lottoschein ... 192
Lüge ... 147
Luxuskreuzfahrt ... 155
Lynd, Robert ... 147
Macht 70, 102, 157, 182, 185, 227, 228, 229, 237, 248
Machtlosigkeit ... 60, 83
Magazin ... 147
Magengeschwüre ... 155
Magenschmerzen ... 81, 155
Magnet ... 36, 210
Magnetismus ... 178
Makroevolution 188, 189, 190, 191
Mangelbewusstsein ... 49, 120
Manifestation ... 94
Mann ... 168, 174, 177
Maschine ... 83
Maßanzug ... 162
Masse ... 148
Massenbewusstsein ... 63
Matrix ... 229, 230
Mauseloch ... 40
May the force be with you ... 227
Meditation ... 121
Meditationszustand ... 49
Medizin ... 98
Meer ... 138
Meeresbereich ... 159
Meinung ... 40, 41, 148, 168, 178
Meister ... 229
Meisterschaft ... 184
Mensch ... 5, 23, 27, 28, 36, 37, 38, 39, 40, 46, 47, 51, 53, 65, 67, 71, 76, 79, 80, 82, 83, 89, 90, 98, 101, 102, 103, 114, 117, 121, 125, 126, 127, 128, 133, 136, 138, 139, 140, 141, 142, 143, 146, 150, 153, 154, 156, 159, 160, 162, 163, 164, 165, 166, 168, 169, 170, 179, 180, 186, 187, 193, 194, 195, 203, 206, 207, 213, 223, 224, 225, 228, 231, 232, 242, 244
Menschheit ... 163
Metabolismus ... 53
Metapher ... 74, 103
Mikroevolution ... 189, 190
Milch ... 74
Milchflasche ... 74
Missbrauch ... 180, 228
Misserfolg ... 85
Missgeschick ... 75

Missgunst 210
Missverständnis 171
Miteinander 153
Mitglied 27
Mobbing 106, 129
Möge die Macht mit Dir sein 227
Möglichkeit 26, 42, 44, 50, 51, 61, 62, 88, 92, 95, 107, 113, 114, 115, 127, 181, 201
Mond 244
Mord 88, 160, 180
Motivation 46, 47
Mulford, Prentice 68
Muster 81, 82, 104
Mut 37, 121, 133, 134, 148
mutig 92
mutlos 172
Mutmach-Buch 52, 144
Mutter 57, 59, 89, 135, 136, 195
Mutterleib 56
Nachhilfestunde 200, 201
Nachkomme 188
Nachricht 88, 89, 122, 149
Nachteil 84, 88, 94
Nachthimmel 138
Nachtschlaf 88
Nahrungspartikel 188
Natur 171
Nebeneffekt 160
Nebenniere 128
negativ 70, 88, 91, 164
Negative 36, 60, 116, 121, 146, 168
Negativerfahrung 42
Nervensystem 103
Netzwerk Deutscher Mittelstand e.V. 251
Neues 40, 43, 109, 121
Neugeist-Bewegung 68
Neurotransmitter 57
Niederlage 75, 77
Niere 163
NLP 251
Noradrenalin 128
Norm 54, 56
Normalfall 157, 168, 240
Not 89
Notiz 28, 32, 59
NSA 28
Numerologie 27, 28, 51
Numerologie-System 28
Nutzen 89, 171, 210
NWO 160
Objekt 55
objektiv 181
Obrigkeitshörigkeit 60
Ohren 73, 183, 216, 240
Okkultist 68
Omniatherapeut 252
Omniatherapie 32, 97, 167, 184
Opfer 54, 62, 95, 193, 194, 197, 230, 231
Opferrolle 39, 40, 57, 60
Ordnung 41
Organ 84
Organisiertheit 187
Organismus 127, 186
Österreich 211
Palmblatt-Bibliothek 27, 28
Papier 33

Paradebeispiel 39
Parallelität 94
Partei 142
Parteiensystem 142
Partnerberatung 206
Partnerberatungsstelle 206
Partnerschaft 75, 244
Pause 204, 240
Pech 36
Pelzchen 216, 217, 218, 219, 220, 221, 222, 223, 225
Peridiniina 188
Person 13, 55, 68, 69, 101, 127, 150
Personengruppe 55
Persönlichkeit 101
Persönlichkeitsmerkmal 98
Perspektive 63, 111
Pflanzenart 189
Pflanzenwelt 189
Pflicht 55
Phänomen 93
Phantasie 137
Phase 48
Philosophie 173
philosophisch 177
Phobie 133
Physik 28, 93, 94, 118, 134, 145, 173, 251
physikalisch 94
Physis 98, 154
physisch 84, 92, 93, 94, 228
Planung 32
Polarität 172
political correctness 23
Polizeibericht 207
Porsche 155
Position 62, 95
positiv 71, 75, 87, 89, 90, 95, 180, 210
Positive 40, 62, 81, 115, 121, 146, 151, 183
Positive Psychologie 251
Positives 89, 181, 210
Potenzial 184
Powers, Paul 138
Präsident 251
Praxis 55
Prediger 178
Primärfunktion 188
Primärwaffe 163
Printmedium 147
Prinzip 142, 228
Prioritätenfeststellung 244
Privatleben 147
Problem 40, 41, 62, 82, 83, 90, 91, 95, 104, 109, 111, 143, 158, 173, 176, 210
problemorientiert 71, 91
problemorientiertes Denken 90
Problemorientierung 91
Produkt 204
Professor 173, 174, 175, 176, 177, 178, 179, 180, 181
Programmierung 32, 121
Protokoll 176
Prozess 178
Prozessform 187
Psyche 53, 59, 97, 98, 101, 127, 154, 215
psychisch 165, 228

Psychologie 101, 251
Psychosomatik 98
Psychotherapie 251
Pulsabfolge 240
Pyramide 48
Quaid, Randy 162
Quelle 100, 139, 148, 167, 182, 191, 246
Radio 89, 104, 149, 207
Radiosendung 205
Rahmenbedingung 47
Rahmenparameter 194
Raser 77
Rasse 23
Raumschiff 163
Reaktion 78, 79, 82, 126, 128, 135, 149, 154, 162
Reaktorunfall 159
Realität 61, 65, 92, 93, 94, 99, 122, 177, 193, 206, 230, 242, 244, 248
Rechenaufgabe 105
Recht 31, 35, 36, 88, 117, 129, 146
Rechtfertigung 56
Redewendung 141
Reflex 99
Reframingcoach 251
Reframingcoaching 32, 47, 54, 82, 111, 272
Regel 179
Regenschirm 80, 114
Reichtum 184
Reinkarnation 118
Reisegruppe 27
Reizbarkeit 187
Relation 55
Relevanz 47, 48, 49, 85, 86, 103, 106, 120, 157, 244
Relevanzgewichtung 103
Relevanz-Pyramide 47, 120
Religion 23, 142, 168, 169
Religionszugehörigkeit 23
religiös 168
Religiosität 168
Reproduktion 187
Resonanz 68, 93
Resonanzfrequenz 93
Resonanzgesetz 68
Respekt 80, 81, 120, 153, 154, 161, 179, 183, 224, 225
Richtung 95
Risikoerfahrung 132
Rote Pille 230, 232
Route 78
Rückblick 146
Rundfunk 147
Sackgasse 95
Sand 138, 139
Satz 72, 141, 144
Schach 86, 157
Schaf 148
Schafherde 148
Schall 93
Schamgefühl 60
Schatten 43
Schauspieler 210
Schicksal 65
Schilddrüsenüberfunktion 41
Schlaf 109
Schlafzimmer 237

Schlüssel 163
Schlussfolgerung 99, 103
Schmerz 165
Schnee 64
Schneekugel 64
Schöpfer 14, 168, 169, 170, 191, 245, 246, 248
Schöpferisch 61, 95
Schöpfung 183
Schöpfungsgedanke 188
Schritt 74, 90
Schuld 53, 54, 55, 56, 58, 60, 94
Schuld/Sühne-Gefühl 58
Schuldbewusstsein 56
Schuldgefühl 56, 57, 58, 59, 60, 71
Schuldner 54
Schule 148, 190, 193, 198, 200, 201
Schulzeit 147, 200
Schutz 132
Schweigen 122
Schwierigkeit 85, 91, 129, 210
Schwingung 69
Schwingungsfrequenz 239
Schwingungsmuster 69
Science-Fiction 93
Seele 83, 98, 102, 117, 198, 210
Seelencoaching 29
seelencoaching.de 26, 51
Seelenwesen 118
seelisch 165
Sehkraft 183
Sein 112, 156, 191, 248
Sekret 126
Selbstachtung 101, 131
Selbstbewusstsein 101
Selbstbild 131
Selbstempfinden 101
Selbstfokussierung 91
Selbstliebe 120, 136, 137
Selbstmitleid 91
Selbstregulation 187
Selbstverachtung 57
Selbstverdammung 57
Selbstverständnis 39
Selbstvertrauen 101
Selbstverwirklichung 136
Selbstwertgefühl 101
Selbstwertschätzung 101
Seminar 162
Seminarteilnehmer 162
Sex 205
Shitstorm 143
Show-Hypnose 50
Sicherheit 172, 183, 233
Sichtweise 36, 37, 39, 40, 42, 44, 71, 80, 172, 190, 197
Sieb 225, 226
Sieg 163
Siegersystem 32, 67, 119, 122, 146, 148, 252, 276
Singal 149
Sinn 75, 76, 170, 171, 172, 180, 244
Sinneswahrnehmung 99
Sippenhaft 55
Sith 227
Situation 32, 35, 39, 40, 49, 57, 59, 60, 70, 74, 76, 79, 80, 81,

82, 83, 84, 86, 92, 111, 112, 116, 117, 118, 127, 128, 129, 131, 134, 150, 154, 157, 163, 164, 195, 210, 231
Situations-Reaktions-Matrix 81
Skywalker, Luke 228
Sleepphones 243
Smartphone 93, 149
Smith, Will 162
Sozialisation 164, 180
Space-Shuttle 186
Spaß 24
Speichermedium 98
Speicherort 99
spirituell 104, 172, 210, 211
Spontanheilung 191
Sportart 157
Sprache 77, 86
Sprechen 85
Sprichwort 39, 64
Spuren im Sand 137, 138
Staat 53
Stammzellen 186
Standzeit 80
Star Wars 227, 228
Stärke 184, 228
Stau 78, 80, 114
Steigerung 132
Stein 227
Steindl-Rast, David 211
Stern 120
Stichwort 32, 120, 202, 236, 237
Stille 211
Stimmung 89
Stoffwechsel 187
Strafe 57, 180, 181
Strategie 141
Streit 88, 161, 197
Stress 53, 79, 88, 106, 123, 125, 126, 127, 128, 133, 135
Stresshormon 53, 79, 87, 126, 127, 128, 154
Stressor 126, 127
Stresssymptom 81, 123
Struktur 33
Student 173, 178, 179
Studienplatz 195
Studium 251
Stufe 48
Stupser 26, 27, 247
subjektiv 70, 92, 116, 117, 181
Subliminal 241
Substanz 178
Substrat 188
Sühne 58
Sünde 63, 169
Swabeedoo 215, 216, 217, 218, 219, 220, 221, 222, 225
Swabeedoo-dah 216, 218, 219
Symptom 82, 83, 84, 180
Symptomanalyse 83
System 188
Systemisches Coaching 251
Tadel 55
Tagespensum 125
Tageszeit 78
Tastatur 25, 33, 247
Tätigkeit 26
Tausch- und Zahlungsmittel 143
Täuschung 156

Technik ... 50, 151
Telefonat ... 80
Telegram ... 149
Terror ... 160
Terroranschlag ... 89
Teufel ... 174
The Secret ... 69
Thema ... 27, 32, 45, 77, 105, 106, 109, 118, 123, 149, 167, 186
Themenkomplex ... 27, 29
Theorie ... 102, 168
Therapie ... 116, 164
These ... 69
Theta-Zustand ... 50, 51, 239
Threema ... 149
Tischtennis ... 157
Titel ... 51, 65
Tochter ... 252
Tod ... 38, 39, 117, 177
Todesstern ... 228
Tombola ... 155
Toter ... 88
Totschlag ... 88, 160
Tötung ... 55
Trance ... 49
transzendent ... 98
Trauer ... 228
Traum ... 29, 122, 138
Traumpartner ... 85
Trennung ... 82, 197, 206, 207
Trigger ... 82
Trine, Ralph Waldo ... 68
Twain, Mark ... 148
Twitter ... 150
Überbewusstsein ... 100
Überforderung ... 128, 129
Übergangsform ... 190
Übergewicht ... 83
Überlebensmechanismus ... 132
Überlegung ... 69
übermenschlich ... 227
Überraschung ... 45
Überschwemmung ... 88
Übersicht ... 184
Übertragung ... 163
Überzeugung ... 24, 47, 58, 64, 72, 73, 104, 118, 191, 215
Umdenken ... 159
Umfeld ... 90, 142, 145, 147
Umgebung ... 83
Umprogrammierung ... 115
Umsetzung ... 29, 85
Umstand ... 54, 61, 62, 68, 94, 95, 105
Umwelt ... 70, 187
Unbewusstsein ... 106
Unfall ... 82, 114, 117, 159
Ungerechtigkeit ... 89
Unglück ... 88, 111, 112, 142, 168
Universum ... 14, 26, 29, 33, 45, 110, 111, 170, 191, 227, 247
Unmöglichkeit ... 91
Unmoral ... 175, 181
Unrecht ... 177
unterbewusst ... 85, 86, 89
Unterbewusste ... 32, 47, 49, 52, 54, 81, 82, 97, 99, 100, 103, 107, 109, 110, 111, 165, 210, 215, 227, 236, 238, 239, 242, 243

Unterbewusstsein .. 70, 71, 74, 91, 99, 100, 102, 103, 104, 105, 106, 107, 167, 210
Untergruppe ... 141
Unternehmen ... 251
Unterschied ... 54, 56, 100, 104
Unterstützung 101, 158, 208, 252
Unversehrtheit ... 131
Urknall ... 168
Ursache 41, 58, 59, 60, 79, 83, 171, 180
Ursprung ... 68
Vater ... 53, 86, 112, 135, 136, 158, 185, 195
Verabredung ... 80, 81
Veränderung ... 91, 186, 189, 231
verantwortlich ... 70, 95
Verantwortlichkeit ... 180
Verantwortung 53, 54, 55, 56, 57, 58, 61, 62, 63, 70, 94, 95, 105, 120, 136, 137, 156, 195, 245
Verantwortungsbewusstsein 56
Verärgerung ... 83
Verbindung ... 179, 228
Verbitterung ... 210
Verbot ... 54
Verbrechen ... 160
Verdauung ... 103
Verein ... 142, 156, 157
Vererbbarkeit ... 55
Vererbung ... 188
Verfügung ... 14
Vergangenes ... 76
Vergangenheit ... 100, 101, 166
Vergeben ... 164
vergossene Milch ... 74, 76
Verhalten ... 78, 121, 133, 154, 156, 158, 159, 171, 225
Verhaltensauffälligkeit ... 57
Verhaltensweise 57, 163, 164, 181
Verhältnis ... 68, 170
Verhütung ... 205
Verletzung ... 165, 181
Vermächtnis ... 57
Vermeidungsmuster ... 57
Versöhnen ... 164
Verspätung ... 81
Verständnis ... 51, 67, 136, 183
Verstehen ... 97, 164, 167, 183, 184, 209, 243
Verstoß ... 54, 56
Versuch ... 171
Vertraue der Macht ... 228
Vertrauen ... 62, 71, 91, 103, 121, 131, 134, 135, 136, 140, 141, 143, 145, 146, 166, 181, 183, 208, 210, 228, 229, 237
Vertrauensperson ... 59
Verzweiflung ... 83
Visualisierungsübung ... 121
Vokabel ... 86
Voraussetzung ... 32, 85, 91, 177
Vorbereitung ... 128
Vordergrund ... 23
Vorfeld ... 154
Vorgehensweise 32, 33, 60, 236
Vorstand ... 251
Vorstellung ... 31, 68, 69, 169

Vorteil .. 61, 84, 89, 94, 95, 99, 101, 108, 110, 161, 163, 172, 180, 215, 240
Vortrag ... 162
Vorwort ... 23
Vorwurf ... 57, 203, 208
Wachbewusstsein ... 49, 99, 100, 101
Wachstum ... 188
Wahrheit .. 102, 103, 147, 183, 209, 226, 231
Wahrnehmbarkeit ... 93
Wahrnehmung ... 98, 175
Wahrscheinlichkeit ... 143
Wahrscheinlichkeitsvermutung ... 167
Wärme ... 184
Warnung ... 160
Warp-Antrieb ... 93
Warum. 25, 36, 46, 47, 49, 53, 73, 78, 79, 80, 84, 90, 101, 105, 113, 120, 133, 139, 140, 171
Wasser ... 93, 99
Webseite ... 26, 29, 51
Wechsel ... 111
Wein ... 74
Weise ... 82, 105, 218, 226, 227
Weisheit ... 64, 120, 147, 183
Weisheit des „Papa" ... 64
Welle ... 93, 94
Wellenphänomen ... 94
Wellenüberlagerung ... 93
Welt. 92, 93, 94, 147, 170, 172, 174, 175, 181, 228
Weltraum ... 93
Wer wird Millionär? ... 134
Werbung ... 106
Werkzeug ... 92
Werkzeugkonstruktion ... 92
Wertesystem ... 55
Wertschätzung ... 80, 81, 153, 154, 224, 225
Wertvorstellung ... 54, 171
Wetter ... 80, 83
Whatsapp ... 149
Widerlegung ... 168
Widerspruch ... 35, 147, 214, 215
Wiederholung ... 54, 104, 121
Wien ... 26, 211
Wikipedia ... 24
Wille ... 63, 180, 210
Windelschmidt, Thomas ... 1, 3
Wirklichkeit ... 49, 116, 125
wirklich-wirklich-wirklich .. 46, 47, 49
Wirkung ... 69
Wirtschaftswissenschaft ... 251
Wissen ... 70, 103
Wissenschaft ... 173, 175, 176, 178, 179
Wissenschaftler ... 27, 178
wissenschaftlich ... 168
Wochenende ... 198
Wohlstand ... 70, 73, 184, 229
Wohnung ... 223, 237
Wollen ... 63, 86, 148
Wort ... 164, 176
Wunder 121, 140, 186, 187, 191, 192, 193, 233
Wunsch ... 48, 49, 69, 85, 182

Wunschwelt 90
Wut 83
Zahlenmystik 27
Zeichen .. 27, 209, 229, 232, 245
Zeit 28, 43, 48, 57, 76, 86, 135, 137, 148, 160, 166, 186, 195, 198, 200, 203, 204, 208, 210, 216, 219, 220, 225, 232, 238, 245
Zeitgefühl 50
Zeitpunkt 26, 33, 79, 85, 122, 180
Zeitreise 93
Zeitrückreise-Zauberstab 74
Zeitschrift 147
Zeitung 89, 104, 147, 148, 205
Zellenart 186
Zerstörung 228
Zettelchen 237, 238
Zeugung 107, 157
Ziel 32, 63, 70, 84, 85, 86, 92, 102, 105, 121, 169, 171, 183, 185
zielführend 89
zielorientiert 70
Zielorientierung 32
Zielvorstellung 210
Zimmer 41, 64
Zinseszinssystem 143
Zorn 228
Zufall 26, 28, 29, 76, 117, 191, 205
Zufriedenheit 36, 46, 87, 183
Zugang 237
Zuhörer 162
Zukunft 76, 93, 100, 170, 243
Zuneigung 184
Zusammenhang .. 28, 42, 53, 129
Zusammenspiel 167
Zustand 50, 54, 84, 103
Zutritt 237
zuversichtlich 92
Zweck 170, 171
Zweifel 70, 72, 85, 93, 140, 141, 228

Empfehlungen des Verlags

Thomas A. M. Windelschmidt

Das wichtigste Wort zum gesund & glücklich sein: Danke!

Mit Vorworten von Claudia Appel und Richard Neubersch

Das "Danke" ist nach Einschätzung des Autors das wichtigste Wort zum gesund und glücklich sein. Diese Aussage begründet der Autor nachvollziehbar im vorliegenden Buch.

Das Unterbewusste (Unterbewusstsein) steuert nicht nur das vegetative Nervensystem und fast alle Körperfunktionen, sondern es greift massiv in das Denken, Fühlen und Erleben des Menschen ein. Das Bewusstsein ist mit der Spitze eines Eisbergs vergleichbar, auch wenn man als Mensch „glaubt", alles mit dem Ego „im Griff zu haben". Wenn man weiß, wie man das Unterbewusste zielorientiert positiv beeinflussen kann, ist es möglich, das eigene Erleben, also sein Schicksal, unter einem neuen Blickwinkel zu sehen und das Leben als Geschenk anzunehmen. Warum hierfür das Wort „Danke" ein zentraler Baustein ist und wie man seinen eigenen Weg in eine positive Lebenseinstellung finden kann, erläutert der Autor in diesem MUTMACHBUCH.

Weitere Infos: seelencoaching.de und omniavision.de

ISBN Hardcover	978-3-96565-000-8	€ 24,99
ISBN Paperback	978-3-96565-001-5	€ 17,99
ISBN Epub	978-3-96565-002-2	€ 14,99
ISBN Mobi	978-3-96565-003-9	€ 14,99

Thomas A. M. Windelschmidt

Die Wahrheit über Ihre innere Macht: SUM ERGO CREO

Halten Sie es für möglich, dass man als Mensch schöpferisch tätig ist, egal ob man es weiß oder nicht? Oder ist für Sie der "Stand der Wissenschaft" in Stein gemeißelt und das heutige Wissen "unantastbar"? Man sollte sich in jedem Fall klarmachen, dass das, was die "offizielle" Wissenschaft sagt, bereits seit der Antike einem stetigen Wandel unterzogen war. Das, was zu Zeiten von Sokrates und Plato Stand der Wissenschaft war, galt nur eine bestimmte Zeit, genauso wie das "Wissen" der Physiker und Mediziner z.B. zu Beginn des 20. Jahrhunderts. Auch das, was heute zu Beginn des 21. Jahrhunderts als "Wissen" proklamiert wird, wird in weniger als 100 Jahren "neuem Wissen" gewichen sein. Und genau darum hält es der Autor mit Sokrates, der sagte: "Ich weiß, dass ich nicht weiß!"

Eventuell wird die Vorstellung des Autors "SUM ERGO CREO = Ich bin, also erschaffe ich" irgendwann überholt sein, aber Stand heute ist der Autor davon überzeugt, dass es sich für Sie lohnen kann, diese Idee auf den Prüfstand zu stellen.

Weitere Infos: sum-ergo-creo.de und omniavision.de

ISBN Hardcover	978-3-96565-004-6	€ 24,99
ISBN Paperback	978-3-96565-005-3	€ 17,99
ISBN Epub	978-3-96565-006-0	€ 14,99
ISBN Mobi	978-3-96565-007-7	€ 14,99

Thomas A. M. Windelschmidt
Claudia Appel

Reframingcoaching
Unterbewusstes bewusst
auflösen

Mit einem Vorwort von
Andreas Winter

Leiden Sie unter Krankheiten, Erfolgsblockaden oder "falschen" Glaubenssätzen? Sind Sie auf der Suche nach sich selbst, Ihrer Persönlichkeit, Ihrer Berufung, Ihrem Lebenssinn? Erleben Sie immer die gleichen (meist als unangenehm empfundenen) Situationen? Machen Sie fortwährend ähnliche negative Erfahrungen in Ihrer Partnerschaft, im Beruf, im Freundeskreis, ohne zu wissen, warum Sie evtl. immer die gleichen Fehler machen und sich ungewollte Erfahrungen (z.B. Geldverlust, Geldmangel, falsche Freunde) wiederholen? Mit dem Reframingcoaching können Sie eine Herangehensweise kennenlernen, mit der es möglich ist, im Unterbewusstsein verankerte Strukturen, die zu Symptomen, Krankheiten und immer gleichen Erfahrungen führen können, zu erkennen und aufzulösen. Es darf Sie nicht überraschen, wenn sich Ihr Leben sehr stark ändert und Ihnen neue Türen offenstehen.

Weitere Infos: reframingcoaching.de und omniavision.de

ISBN Hardcover	978-3-96565-008-4	€ 29,99
ISBN Paperback	978-3-96565-009-1	€ 21,99
ISBN Epub	978-3-96565-010-7	€ 17,99
ISBN Mobi	978-3-96565-011-4	€ 17,99

Thomas A. M. Windelschmidt

Omniatherapie
Gesundheit & Glück durch
Verstehen & Versöhnung Bd. I

Mit einem Vorwort von
Vera Brandes und Dieter Broers

Das Reframingcoaching konnte vielen Menschen helfen, Dinge aufzulösen, die im Hier und Jetzt belastend waren und zu Konsequenzen (Symptomen) geführt haben. Im Laufe der Zeit haben komplexere „Herausforderungen" dazu geführt, dass eine Ergänzung des Konzepts zielführend war. Wenn z.B. eine Frau nicht schwanger wird, kann man überlegen, dass psychische Blockaden eine Rolle spielen. Und wenn z.B. ein Missbrauch in der Familie vorliegt, dann verlangt dies nach Erfahrung des Autors zu einer Analyse der Familienkonstellation und einer liebevollen Auflösung der belastenden Energien.

Band I: Medizinische Historie, physische und psychische Heilansätze, physikalische und biologische Hintergründe, Betrachtung von Gesundheit, Krankheit und Symptomen, die Trinität von Körper, Geist und Seele, die Psyche, Bewusstsein und Unterbewusstes, sowie Traumata.

Weitere Infos: omniatherapie.de und omniavision.de

ISBN Hardcover	978-3-96565-012-1	€ 24,99
ISBN Paperback	978-3-96565-013-8	€ 17,99
ISBN Epub	978-3-96565-014-5	€ 14,99
ISBN Mobi	978-3-96565-015-2	€ 14,99

Thomas A. M. Windelschmidt

Omniatherapie
Gesundheit & Glück durch
Verstehen & Versöhnung Bd. II

In drei Bänden finden Sie eine Herleitung des Konzepts der Omniatherapie. Dem Autor ist es wichtig, dass er die Herangehensweise und die Entwicklung seiner Vorgehensweise dezidiert herleitet und erläutert, damit die Omniatherapie für Sie „greifbar" wird.

Band II: Was sind Denken, Fühlen, Glauben und Vertrauen, Angst und das Gegenteil von Angst, Schuld und Verantwortung, Trauer und die große Traurigkeit, Glaubenssätze und das Gesetz der Resonanz, Wünsche, Zufriedenheit und Glück, Liebe, Vertrauen und Vergebung, sowie Schlaf und Träume.

Weitere Infos: www.omniatherapie.de und omniavision.de

ISBN Hardcover	978-3-96565-016-9	€ 24,99
ISBN Paperback	978-3-96565-017-6	€ 17,99
ISBN Epub	978-3-96565-018-3	€ 14,99
ISBN Mobi	978-3-96565-019-0	€ 14,99

Thomas A. M. Windelschmidt

Omniatherapie
Gesundheit & Glück durch
Verstehen & Versöhnung Bd. III

In drei Bänden finden Sie eine Herleitung des Konzepts der Omniatherapie. Dem Autor ist es wichtig, dass er die Herangehensweise und die Entwicklung seiner Vorgehensweise dezidiert herleitet und erläutert, damit die Omniatherapie für Sie „greifbar" wird.

Band III: Religion, Glaube und Vertrauen, Leben und Tod, Karma, Beten, systemische Hintergründe, Affirmationen und Suggestionen, Hypnose und Trance, Reframing in der Omniatherapie, Voraussetzungen, die 30 Stufen der Omniatherapie, technische Hilfsmittel und Anwendungsgebiete

Weitere Infos: omniatherapie.de und omniavision.de

ISBN Hardcover	978-3-99072-020-2	€ 24,99
ISBN Paperback	978-3-96565-021-3	€ 17,99
ISBN Epub	978-3-99072-022-6	€ 14,99
ISBN Mobi	978-3-99072-023-3	€ 14,99

Thomas A. M. Windelschmidt

Siegersystem
Gewinnen ist Bauchsache
Bd I: Theoretische Hintergründe

Mit Vorworten von Andreas Lorenz und Thorsten Schulte

Können Sie sich vorstellen, dass Sie – wie man es so oft hört – Ihres Glückes Schmied sind und zu 100% verantwortlich für alles, was in Ihrem Leben passiert?

Der Nachteil dieser „Erkenntnis" ist, dass Sie sich nie wieder als Opfer darstellen „dürfen/können", z.B. um Mitgefühl oder sogar Mitleid zu „erhaschen". Der große Vorteil dieses „Wissens" ist allerdings, dass Sie sich der „Herrschaft über Ihr Leben" bewusst sind, alles zielgerichtet beeinflussen können und die Freiheit haben, Ihre Vorstellungen zu manifestieren. Das Siegersystem-Konzept ist eine Lebenseinstellung. Im Fokus steht, sich selbst als Gewinner zu sehen und zu fühlen, das eigene Leben als Gewinn anzusehen und als Geschenk anzunehmen, indem man die positiven und schönen Aspekte in den Mittelpunkt des eigenen Denkens und Fühlens rückt. Und zwar immer, ganz unabhängig von bisher als negativ angesehenen Begleiterscheinungen.

Weitere Infos: siegersystem.de und omniavision.de

ISBN Hardcover	978-3-96565-024-4	€ 24,99
ISBN Paperback	978-3-96565-025-1	€ 17,99
ISBN Epub	978-3-96565-026-8	€ 14,99
ISBN Mobi	978-3-96565-027-5	€ 14,99

Thomas A. M. Windelschmidt

Siegersystem
Gewinnen ist Bauchsache
Bd II: Anwendung & Umsetzung

Während in Band I zum Siegersystem einige theoretische Hintergründe erläutert wurden, erfährt der Leser in Band II, wie die 66 Schritte des Siegersystems aussehen und welche technischen Hilfsmittel eingesetzt werden können, um den "eigenen" Weg zu finden und zu gehen. Konkrete Tipps und Empfehlungen helfen dem Leser, nicht nur den ersten Schritt zu unternehmen, sondern sich sukzessive seiner "eigenen Meisterschaft" anzunähern.

Denn denken Sie immer daran: Sie sind Ihres Glückes Schmied, Sie sind "Chef" Ihres Lebens, Sie ganz allein können für sich entscheiden, zu den "Gewinnern" zu gehören und Ihr Leben als Geschenk zu erkennen und anzunehmen. Jetzt in diesem Moment, in welchem Sie diese Zeilen lesen, haben Sie die Chance, Ihre Lebenskarten neu zu mischen und ab sofort das Leben zu führen, das Sie schon immer führen wollten. Sie ganz allein sind verantwortlich für Ihr Leben.

Weitere Infos: siegersystem.de und omniavision.de

ISBN Hardcover	978-3-96565-028-2	€ 24,99
ISBN Paperback	978-3-96565-029-9	€ 17,99
ISBN Epub	978-3-96565-030-5	€ 14,99
ISBN Mobi	978-3-96565-031-2	€ 14,99

Thomas A. M. Windelschmidt

"Der Counselor"
Programmierung des Unterbewussten zur positiven Zielorientierung Bd. I

Mit Vorworten von Martin Limbeck und Markus Euler

Ihr wirkliches Ziel mit Ihnen zu erreichen, ist die "Der Counselor"-Aufgabe! Mit der Klärung von drei Anfangsfragen ist es leichter, den richtigen Weg zu Ihrem Ziel, z.B. zum gewünschten Erfolg, zu finden und zu gehen.

- Was ist Ihre Motivation? Was ist Ihr Warum?
- Was wollen Sie wirklich-wirklich-wirklich?
- Was ist Ihre Bestimmung bzw. Ihre Lebensaufgabe?

"Der Counselor" versteht sich als Ihr Werkzeug, um unterbewusste Blockaden aufzulösen und „falsche" Glaubenssätze, die oftmals in der Kindheit „angelegt" wurden, auszuräumen und mit zielführenden Glaubenssätzen zu substituieren. Das Ziel ist es, Ihre unbewusste (intrinsische) Motivation herauszufinden und Ihr maximales Leistungsvermögen, egal ob im Sport oder im Beruf, hervorzurufen und Ihren Weg zu Ihrem persönlichen Erfolg zu beschleunigen und zu optimieren.

Weitere Infos: der-counselor.de und omniavision.de

ISBN Hardcover	978-3-96565-032-9	€ 24,99
ISBN Paperback	978-3-96565-033-6	€ 17,99
ISBN Epub	978-3-96565-034-3	€ 14,99
ISBN Mobi	978-3-96565-035-0	€ 14,99

Thomas A. M. Windelschmidt

"Der Counselor"
Programmierung des Unterbewussten zur positiven Zielorientierung Bd. II

In Band I zu "Programmierung des Unterbewussten zur positiven Zielorientierung" wurde folgende Kernaussage hergeleitet und erläutert:

- "Du bist, was Du denkst, also denke doch, was Du willst!"

In Band II kommen Menschen zu Wort, die in ihrem Bereich besonders erfolgreich waren oder sind. Die Gesprächspartner haben z.T. sehr unterschiedliche Historien und waren oder sind in verschiedenen Bereichen erfolgreich, z.T. im Sport, z.T. Im Geschäftsleben, aber auch in den Bereichen Wissenschaft, Kunst oder Kultur.

Diese Menschen, die im vorliegenden Buch zu Wort kommen, kennenzulernen und ihr "Warum?" und ihre intrinsische Motivation kennenlernen, war eine große Freude.

Weitere Infos: der-counselor.de und omniavision.de

ISBN Hardcover	978-3-96565-036-7	€ 24,99
ISBN Paperback	978-3-96565-037-4	€ 17,99
ISBN Epub	978-3-96565-038-1	€ 14,99
ISBN Mobi	978-3-96565-039-8	€ 14,99

Thomas A. M. Windelschmidt

Submediation
Konflikte "über" das
Unterbewusste lösen

Mit einem Vorwort von
Hans-Joachim Pohlmann

Unter Mediation versteht man eine Vermittlung zwischen Parteien mit Hilfe eines Mediators, um Meinungsverschiedenheiten, Streitigkeiten oder Konflikte zu lösen. Eine "übliche" Mediation versucht auf der Verstandesebene (Ratio) zu einer Win-Win-Lösung zu kommen. Demgegenüber strebt die Submediation (Subconscious-Mediation) eine grundsätzliche Lösung über das Unterbewusste der Beteiligten an, d.h. es werden auf der Ebene des Unterbewussten die wahren, verborgenen Hintergründe von Dissonanzen und Problemen gesucht und analysiert, um sie gemeinsam mit der jeweiligen Person zu erkennen, zu verstehen und aufzulösen. Der herausragende Vorteil der Submediation liegt darin, dass man nicht versucht, durch „noch akzeptable" Kompromisse eine „Muss"-Einigung zu erreichen, sondern dass man über das „Dürfen" zu einem „Wollen" findet, d.h. das Unterbewusste (emotionale Muster, Blockaden, Glaubenssätze) steht nicht mehr im Weg.

Weitere Infos: submediation.de und omniavision.de

ISBN Hardcover	978-3-96565-040-4	€ 29,99
ISBN Paperback	978-3-96565-041-1	€ 21,99
ISBN Epub	978-3-96565-042-8	€ 17,99
ISBN Mobi	978-3-96565-043-5	€ 17,99

Thomas A. M. Windelschmidt

Wörterbuch 1: A-J

Dieses Wörterbuch enthält Inhalte aus Fachbüchern und dem Internet zur Erläuterung von Begriffen aus den Bereichen Medizin, Psychologie, Physik, Medizin und Biologie u.a. in folgenden Büchern

- ✓ Das wichtigste Wort zum gesund & glücklich sein: Danke!
- ✓ Die Wahrheit über Ihre innere Macht: SUM ERGO CREO
- ✓ Reframingcoaching: Unterbewusstes bewusst auflösen
- ✓ Omniatherapie: Gesundheit & Glück durch Verstehen & Versöhnung
- ✓ Siegersystem: Gewinnen ist Bauchsache
- ✓ "Der Counselor": Programmierung des Unterbewussten zur positiven Zielorientierung
- ✓ Submediation: Konflikte „über" das Unterbewusste lösen

Das Buch wird vom Autor subventioniert und als pdf-Download sogar kostenlos angeboten., siehe omniatherapie.de und omniavision.de.

Weitere Infos::omniatherapie.de und omniavision.de

ISBN Hardcover	978-3-96565-044-2	€ 15,99
ISBN Paperback	978-3-96565-045-9	€ 9,99
ISBN Epub	978-3-96565-046-6	€ 4,99
ISBN Mobi	978-3-96565-047-3	€ 4,99

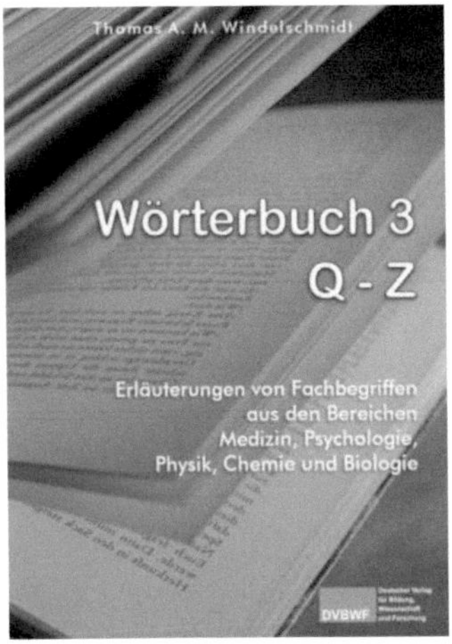

Thomas A. M. Windelschmidt

Wörterbuch 3: Q-Z

Dieses Wörterbuch enthält Inhalte aus Fachbüchern und dem Internet zur Erläuterung von Begriffen aus den Bereichen Medizin, Psychologie, Physik, Medizin und Biologie u.a. in folgenden Büchern

- ✓ Reframingcoaching: Unterbewusstes bewusst auflösen
- ✓ Omniatherapie: Gesundheit & Glück durch Verstehen & Versöhnung
- ✓ Siegersystem: Gewinnen ist Bauchsache
- ✓ Programmierung des Unterbewussten zur positiven Zielorientierung
- ✓ Das wichtigste Wort zum gesund & glücklich sein: Danke!
- ✓ Submediation: Konflikte „über" das Unterbewusste lösen
- ✓ Die Wahrheit über Ihre innere Macht: SUM ERGO CREO

Das Buch wird vom Autor subventioniert und als pdf-Download sogar kostenlos angeboten., siehe omniatherapie.de und omniavision.de.

Weitere Infos::omniatherapie.de und omniavision.de

ISBN Hardcover	978-3-96565-052-7	€ 15,99
ISBN Paperback	978-3-96565-053-4	€ 9,99
ISBN Epub	978-3-96565-054-1	€ 4,99
ISBN Mobi	978-3-96565-055-8	€ 4,99

Thomas A. M. Windelschmidt

GELD: Historie, Probleme im Status quo und Lösungsansätze

Mit Vorworten von
Andreas Popp, Helmut Creutz
und Prof. Dr. Hans J. Bocker

Jeder denkt zu wissen, was „Geld" ist. Fast jeder meint, eine Ahnung zu haben, wie das Geldsystem funktioniert. Und einige sind sich sicher, zu wissen, wie das Finanz- und Wirtschaftssystem aufgebaut ist, wer es steuert und wie es beeinflusst werden kann. Aber stimmt das?

Warum gibt es dann Wirtschaftskrisen? Warum geht die Schere zwischen arm und reich auseinander? Warum gibt es wenige Familien, die 80% des weltweit verfügbaren Kapitals beherrschen, und viele Menschen, die an der Armutsgrenze leben? Warum muss immer mehr produziert werden, nur um bestehende Schulden abzutragen? Wie ist es erklärbar, dass sich ein Staat in seiner eigenen Währung verschulden kann/muss?

Dem Autor gelingt es mit diesem Buch, etwas Licht ins Dunkel zu bringen und komplizierte Sachverhalte in einfachen Worten nachvollziehbar darzustellen, warum "Geld", so wie es konzipiert ist, auf Dauer gar nicht funktionieren „kann".

ISBN Hardcover	978-3-96565-056-5	€ 29,99
ISBN Paperback	978-3-96565-057-2	€ 21,99
ISBN Epub	978-3-96565-058-9	€ 17,99
ISBN Mobi	978-3-96565-059-6	€ 17,99

Thomas A. M. Windelschmidt

MONEY: History, Beliefs, Facts and Solutions

With forwords by
Andreas Popp, Helmut Creutz
and Prof. Dr. Hans J. Bocker

Everyone believes to know what "this" is. Almost everyone thinks they know how the money system works. And some are even sure they know how the financial and economic system is structured, who controls it and how is value can be influenced. But is it really so?

Why are there so many economic crises? Why is the gap between rich and poor widening? Why are there a few families that control 80% of the world's available capital and so many people living on or below the poverty line? And why must more and more be produced just to pay off past debts? What explains why countries established their own currency?

With this book, the author sheds light on complicated facts and puts them into simple terms. With all the flaws in the current money system and the fundamental errors and mistakes that were made when it was construed, it is of essential importance to comprehend why it cannot be sustained in the current status quo.

ISBN Hardcover	978-3-96565-060-2	€ 29,99
ISBN Paperback	978-3-96565-061-9	€ 21,99
ISBN Epub	978-3-96565-062-6	€ 17,99
ISBN Mobi	978-3-96565-063-3	€ 17,99

Thomas A. M. Windelschmidt

Innovative ways forward on the German financial market

Financial markets are in a state of upheaval. The "old school" mechanisms which have worked in the past decades, have become obsolete in today's economic reality. The past strategies have to be reconsidered and replaced by new concepts and understandings. The conditions of life on earth have changed dramatically, the political and economic arenas are not the same any longer the enormously technical developments have contributed to this development. The globalization of communication triggered by Internet and smartphone technologies, social networks and artificial intelligence require a rethink. Market transparency is no longer fiction - portals like check24 are enabling consumers to become professional buying experts furthering developments of new fee-based advice services. Shedding a bright light onto the problems of the existing monetary and financial system, the author presents a layout for alternative solutions. A precious read for the times ahead.

Nur auf Anfrage direkt beim Autor für € 149,-- erhältlich.

Thomas A. M. Windelschmidt

Space Commercialization

Since Jules Verne published his novel "De la Terre à la Lune" in 1965, people are dreaming of entering space. Yuri Alexeyevich Gagarin was the first man in orbit on 12 April 1961 - according to official statements - and Neil Alden Armstrong is said to have been the first person to set foot on the moon on July 21, 1969. Since then, technical development has brought rapid progress. Rumors are spreading about secret technologies enabling man to even visit Mars. Space travelling fueled the genre of science fiction films and has since been the dream of many. Plans exist to make them come true and to enable earthlings to morph into real world space explorers. The commercialization of space is no longer a future vision, but an up and coming industry with non-fictious potentials. In addition to the US American NASA and the European ESA, other countries and private companies are pursuing ambitious goals. Creating a legal base for these adventurous endeavours was a mandatory step, resulting into agreements like the Moon Treaty. In this book, the author presents the historicalprocess, delivers explanations in regards to the status quo and dares to look into the future. Let yourself be carried away into a time that can offer a lot of excitement and let your imagination run wild. The future is just around the corner.